Uppala Suneetha
B. Rama Murthy

Sistema de monitorização em tempo real baseado em Ethernet para parâmetros industriais

Uppala Suneetha
B. Rama Murthy

Sistema de monitorização em tempo real baseado em Ethernet para parâmetros industriais

Rede local (LAN)

ScienciaScripts

Imprint

Any brand names and product names mentioned in this book are subject to trademark, brand or patent protection and are trademarks or registered trademarks of their respective holders. The use of brand names, product names, common names, trade names, product descriptions etc. even without a particular marking in this work is in no way to be construed to mean that such names may be regarded as unrestricted in respect of trademark and brand protection legislation and could thus be used by anyone.

Cover image: www.ingimage.com

This book is a translation from the original published under ISBN 978-620-2-02279-8.

Publisher:
Sciencia Scripts
is a trademark of
Dodo Books Indian Ocean Ltd. and OmniScriptum S.R.L publishing group

120 High Road, East Finchley, London, N2 9ED, United Kingdom
Str. Armeneasca 28/1, office 1, Chisinau MD-2012, Republic of Moldova, Europe
Printed at: see last page
ISBN: 978-620-7-98225-7

Prefácio

A temperatura, a humidade e a pressão são grandezas analógicas, utilizadas para implementar funções de medição, controlo e proteção. Um sistema incorporado é um sistema informático para fins especiais concebido para desempenhar uma ou algumas funções específicas, muitas vezes com limitações de computação em tempo real. Um sistema incorporado pode ser descrito como um sistema constituído por um processador, periféricos associados e software utilizado para um fim específico. Hoje em dia, os sistemas incorporados são uma ferramenta muito poderosa nos sistemas de medição e controlo. A medição avançada baseada em sistemas incorporados é rápida, altamente fiável, utiliza eficientemente a memória, tem baixo consumo de energia, é precisa e flexível, o que a torna perfeita para qualquer tarefa.

Os sistemas Ethernet incorporados estão atualmente a aumentar enormemente nos aparelhos de rede. Estes sistemas podem ser activados em rede e ligados à Internet ou à intranet da empresa. Estes sistemas podem incorporar um servidor Web em qualquer aparelho e ligá-lo à Internet, e o aparelho pode ser monitorizado a partir de um local remoto através de um programa de navegação executado num computador de secretária. A Ethernet é combinada com uma ampla aceitação do mercado informático e com a capacidade de suportar a maioria dos protocolos informáticos de rede. Estão também a ocorrer desenvolvimentos revolucionários na área dos dispositivos móveis.

A Internet e a Ethernet são coisas muito comuns. A única diferença entre a Internet e a Ethernet é o facto de a Internet ligar normalmente os computadores em WAN, MAN e LAN, ao passo que a Ethernet é uma pequena área como a LAN. A velocidade da Internet é muito elevada, ou seja, 2 a 10 milhões de bits por segundo. A Ethernet pode fornecer até 100mbps. Os endereços IP identificam de forma inequívoca os computadores na Internet. No presente trabalho, o sistema de instrumentação baseado na Ethernet para monitorização e controlo remoto utiliza o sistema rabbit. Este sistema, que tem um endereço IP único (público), pode ser acedido a partir de qualquer lugar do mundo. No browser da Internet, podemos navegar em http//: endereço IP único do presente estudo. Isto pode ser convertido em **"sistema de instrumentação baseado na Internet"** para monitorização e controlo remoto do parâmetro.

No presente estudo, a técnica utiliza a medição da temperatura, da humidade e da pressão para a monitorização e o controlo remotos, utilizando o microcontrolador rabbit como ferramenta. Desempenha um papel importante na eletrónica e nos sistemas incorporados. Assim, no presente estudo, tenta-se conceber e desenvolver um sistema de instrumentação baseado na Ethernet/Internet para monitorização e controlo remotos.

Uma breve introdução a um sistema incorporado baseado na Ethernet/Internet é um sistema que tem um hardware de computador com software incorporado como um dos seus componentes mais importantes. Um sistema Ethernet e incorporado é um sistema informático incorporado no produto. É apresentado o papel da Ethernet e dos sistemas incorporados na eletrónica. São explicadas as diferenças entre Ethernet e Internet, o objetivo e o âmbito do presente estudo.

O projeto de hardware e a implementação de um sistema de instrumentação baseado em Ethernet para monitorização e controlo remoto da temperatura, humidade e pressão. O presente módulo está a funcionar e a alteração dos parâmetros pode ser detectada pelo sensor de temperatura, pelo sensor de humidade e pelos sensores de pressão. Estas grandezas analógicas podem ser convertidas utilizando o ADC de série (MAX 186). Em seguida, são processadas pelo microcontrolador rabbit de acordo com o software.

O desenvolvimento do software do sistema de instrumentação baseado em Ethernet para monitorização e controlo remoto de parâmetros. O presente capítulo aborda os compiladores de linguagem de alto nível de que dispomos, as caraterísticas presentes no Dynamic 'C' e a implementação experimental do presente estudo. O fluxograma e os pormenores do programa são apresentados neste capítulo. O software é desenvolvido em Dynamic 'C' utilizando o compilador C da Dynamic. A temperatura, a humidade e a pressão são visualizadas no monitor e, utilizando o módulo Ethernet, o parâmetro é monitorizado e controlado a partir de um local remoto.

A conceção deste sistema de instrumentação baseado na Internet é um êxito notável. O desejo de desenvolver um sistema de monitorização e controlo dos parâmetros em linha é pequeno e pouco dispendioso. É necessário algum trabalho futuro, uma vez que a Internet é o dispositivo mais rápido e o sistema incorporado tem menos velocidade, pelo que esta correlação deve ser efectuada para se obter precisão. Esta aplicação para a medição de parâmetros para monitorização e controlo remoto em condições perigosas é também muito útil na automatização industrial.

AGRADECIMENTOS

K. SUDHAKAR BABU, Registrador, Universidade Sri Krishnadevaraya, Anantapur, pelo seu constante encorajamento. Foi uma fonte constante de inspiração com a sua abordagem profissional. O Dr. K. Sudhakar Babu trabalha como Professor de Química na Universidade Sri Krishnadevaraya, Anantapur. Tem 23 anos de experiência de ensino e investigação. É membro do Conselho Executivo da Universidade Sri Krishnadevaraya, Anantapur, nomeado pelo Governo de Andhra Pradesh. Os meus agradecimentos ao Prof. K. Sudhakar Babu, que, apesar de estar extraordinariamente ocupado com os seus deveres, arranjou tempo para me ouvir. Muito obrigado, senhor.

Gostaria de transmitir os meus agradecimentos ao Sr. **M. Ramaiah**, membro do conselho executivo da Universidade Sri Krishnadevaraya de Anantapur, eleito pelo governo de Andhra Pradesh. É um homem simples e de grandes valores. O seu encorajamento quando os tempos se tornaram difíceis é muito apreciado e devidamente registado. Estabeleceu-se como um bom filantropo ao criar boas instituições tecnológicas. O seu interesse pelo domínio da educação levou-o a criar a primeira faculdade privada de engenharia, a Intell Engineering College, em Anantapuramu. Muito obrigado, senhor, é um prazer para mim fazer o reconhecimento através deste livro.

Lakshmi Devi é responsável pela experiência que adquiri. Concluiu com êxito a bolsa DST spert e assumiu várias responsabilidades, como HOD de bioquímica, presidente do BOS, reitora do CDC e diretora da faculdade de farmácia da universidade, Sri Krishnadevaraya university anantapur. Publicou 52 artigos em revistas internacionais de renome. Também apresentou/participou/organizou conferências e seminários. Todos os seus esforços ajudaram a tornar este livro completo e não o teríamos conseguido sem si, minha senhora.

Aproveito esta oportunidade para exprimir o meu profundo sentimento de sincera e profunda gratidão à **Dra. J. Latha** pelo seu afeto e apoio moral que me deu para reduzir a minha pressão de trabalho. Tem 22 anos de experiência de ensino como professora assistente e está empenhada na investigação no domínio da imunologia, biologia molecular, engenharia genética e microbiologia médica, tendo publicado 65 artigos. A sua imensa experiência de investigação mantém-me a fazer o melhor da minha vida. Muito obrigado, minha senhora.

B. Rama Murthy, Professor, Departamento de Instrumentação, pela sua orientação entusiástica. B. Rama Murthy, Professor, Departamento de Instrumentação, pela sua orientação entusiástica. Publicou mais de 40 trabalhos em várias revistas nacionais e internacionais. Obrigado, Senhor.

Por fim, com boas recordações, recordo os meus pais **Sri U. Nagamalleswara Rao, Smt. U. Bullemma,** o meu companheiro de vida **Sr. Ch. Prasad,** o meu filho **Satwik,** o meu irmão **Sr. U. Sudheer**, a minha cunhada **Smt. G. Sravani** e os seus filhos **Nidhi, Vibhav** e todos os outros membros da família que suportaram pacientemente os inconvenientes causados pela minha frequente ausência em casa sem a sua cooperação não posso fazer nada, muito obrigado.

ÍNDICE DE CONTEÚDOS

1 CAPÍTULO
INTRODUÇÃO

A monitorização e o controlo remotos dos dados presentes numa instalação, normalmente em grande número, são efectuados convencionalmente através de cabos estruturados que ligam os dispositivos de campo à sala de controlo [1]. A sala de controlo utiliza programas feitos à medida para realizar a necessária interface homem-máquina. No presente trabalho é desenvolvido um protótipo de sistema integrado de monitorização e controlo remoto sem fios para substituir o controlo manual. O sistema proposto apresenta a forma como a rede ether pode ser implementada eficazmente para auxiliar o controlo e a monitorização de uma instalação de processo.

O objetivo do presente trabalho é equipar o decisor da fábrica com toda a informação possível sobre a fábrica o mais rapidamente possível. O trabalho permite a supervisão e o controlo das máquinas pelo pessoal técnico e de manutenção. O processo de trabalho pode ser implantado em tempo real. Os dados online foram transferidos com sucesso para o pessoal especializado em intervalos de tempo regulares.

A ideia principal é, portanto, monitorizar e controlar quaisquer parâmetros nas indústrias utilizando a tecnologia Ethernet. O sistema proposto foi testado quanto à sua eficácia na monitorização e controlo remotos da temperatura e pode ser personalizado para se adequar a qualquer outro requisito industrial relacionado com a monitorização e o controlo, desde que sejam utilizados sensores industriais. O sistema desenvolvido cumpre o objetivo de um bom desempenho, baixo custo, seguro, ubiquamente acessível, auto - configurável, solução remotamente controlada para automação de indústrias de processo usando o sistema baseado em rede ether satisfazendo as necessidades e requisitos do utilizador.

1.1 A automatização industrial e a sua importância

A palavra "automatização" deriva das palavras gregas "Auto" (próprio) e "Matos" (movimento). A automatização é, portanto, o mecanismo dos sistemas que "se movem por si próprios". No entanto, para além deste sentido original da palavra, os sistemas automatizados também atingem um desempenho significativamente superior ao que é possível com os sistemas manuais, em termos de potência, precisão e velocidade de funcionamento. A automatização é um conjunto de tecnologias que resulta no funcionamento de máquinas e sistemas sem intervenção humana significativa e atinge um desempenho superior ao funcionamento manual.

Nos anos anteriores, antes de o computador pessoal não ser amplamente utilizado em sistemas de automação industrial, todas as falhas que ocorriam nos processos industriais eram verificadas e tratadas por operadores treinados ou experientes. Por exemplo, nos sistemas de monitorização do estado da rede de gasodutos de gás natural, todas as operações eram efectuadas de forma manual ou semi-automática, o que, no entanto, apresentava alguns inconvenientes importantes. Por exemplo, o operador tinha de fazer a maior parte do trabalho à mão, os parâmetros de medição remota não podiam ser monitorizados eficazmente e os operadores eram propensos a cometer erros no registo e manipulação de uma grande quantidade de dados. Por conseguinte, é altamente necessário automatizar as operações de medição para melhorar a eficiência operacional.

Nas últimas décadas, este panorama mudou drasticamente devido à ampla adoção do PC numa vasta gama de aplicações industriais. Um sistema de automação industrial típico é normalmente composto pelo sistema físico, transdutores, controladores de dispositivos e E/S de dados, computador anfitrião, servidor de rede e computadores remotos.

As tecnologias da informação [TI] [2] têm-se desenvolvido rapidamente nos últimos anos e têm fornecido apoio técnico suficiente para a construção de sistemas modernos de automação industrial com uma arquitetura mais aberta em relação aos anteriores. Verifica-se que a análise computorizada da monitorização em tempo real e as tecnologias automatizadas podem realizar a automatização total de um sistema de medição industrial. A combinação de tecnologias de informação emergentes com sistemas tradicionais de monitorização de condições permite a monitorização contínua do estado de funcionamento de equipamentos essenciais, bem como o processamento abrangente de dados e a gestão centralizada de recursos. Aumentará significativamente a eficiência de trabalho dos operadores de sistemas e dos decisores. Consequentemente, o desenvolvimento de tais sistemas com as caraterísticas acima mencionadas para alcançar a automatização industrial total tem um significado prático positivo, tanto do ponto de vista económico como tecnológico.

A automação industrial utiliza amplamente as tecnologias da informação. A figura 1.1 abaixo mostra algumas das principais áreas de TI utilizadas no contexto da automação industrial.

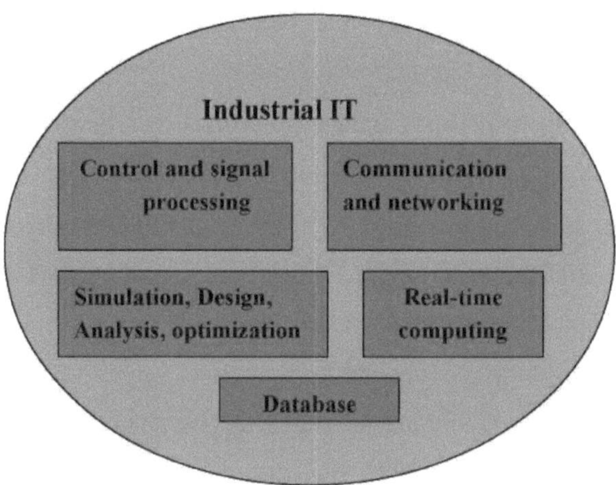

Figura 1.1: Principais áreas de TI utilizadas no contexto da automação industrial

A automação industrial envolve também uma quantidade significativa de tecnologias de hardware relacionadas com instrumentação e deteção, acionamento e transmissão, eletrónica para condicionamento de sinais, comunicação e visualização, sistemas de computação incorporados e autónomos, etc. À medida que os sistemas de automação industrial se tornam mais sofisticados em termos dos conhecimentos e algoritmos que utilizam, à medida que abrangem áreas de funcionamento mais vastas, incluindo várias unidades ou a totalidade de uma fábrica, ou mesmo várias delas, e à medida que integram o fabrico com outras áreas de negócio, como as vendas e o apoio ao cliente, as finanças e toda a cadeia de abastecimento da empresa, a utilização das TI aumenta drasticamente. No entanto, os sistemas de automatização de nível inferior, que apenas lidam com máquinas individuais ou, na melhor das hipóteses, com um grupo de máquinas, utilizam menos as TI e mais o hardware, a eletrónica e a computação incorporada.

A maioria dos sistemas de informação industrial tem de ser em tempo real. Com isto queremos dizer que o cálculo não só tem de ser correto, mas também tem de ser produzido a tempo. Um resultado exato, que não seja atempado, pode ser menos preferível do que um resultado menos exato produzido a tempo. Por conseguinte, os sistemas têm de ser concebidos tendo em conta explicitamente a necessidade de cumprir os prazos de computação.

1.2 Importância da monitorização e do controlo à distância

A gestão, monitorização e controlo remotos de bens e equipamentos distribuídos é uma área de engenharia e tecnologia em rápido desenvolvimento e está a tornar-se uma ferramenta estratégica fundamental. As aplicações remotas variam desde a oferta de apoio técnico a um cliente com sistemas automatizados a milhares de quilómetros de distância até ao controlo remoto de veículos e unidades militares de eliminação de bombas. Com o aumento da concorrência no sector, a utilização de diagnósticos remotos tornou-se um requisito para o cliente. A utilização de tecnologias remotas pode reduzir os tempos de resposta dos serviços e permitir que as empresas resolvam os problemas dos clientes remotamente, mantendo ao mesmo tempo uma relação próxima com o cliente. Isto é consideravelmente mais do que um simples sistema SCADA e engloba a automação industrial e a comunicação de dados para o dispositivo remoto, com destaque para as instalações não tripuladas. As tecnologias remotas oferecem a forma mais rentável de apoiar os clientes, minuto a minuto, em tarefas que vão desde o simples diagnóstico à monitorização e controlo remotos, até à necessidade absoluta da mais elevada segurança. Há também uma necessidade crescente de ambientes de trabalho colaborativos remotos, uma vez que os locais de trabalho estão frequentemente dispersos a milhares de quilómetros de distância. É cada vez mais necessário permitir a utilização partilhada de equipamento, tanto local como remotamente.

O controlo remoto torna a vida muito mais fácil e pode dar paz de espírito sabendo que pode fazer alterações rápidas se e quando necessário. Ao saber rapidamente se uma peça de equipamento falhou, isto permite tirar o máximo partido do pessoal de assistência e uma resposta rápida pode, por vezes, evitar grandes problemas de reinício do sistema. Por exemplo, isto pode reduzir o risco de danos causados por inundações se uma bomba de drenagem falhar ou reduzir o risco de o gado morrer de frio se o aquecimento falhar. A existência de relatórios de avarias actualizados nos ecrãs permite que os gestores de manutenção conheçam plenamente o seu volume de trabalho, nomeadamente o que falhou. Utilizar o pessoal da forma mais eficiente possível melhora drasticamente o serviço ao cliente, uma vez que um técnico se encontra no local, por vezes mesmo antes de o cliente saber que existe um problema.

O RMACS monitoriza e controla em linha e em tempo real o equipamento no terreno e transmite os dados em tempo real ao terminal para previsão ou diagnóstico, o que constitui um método eficaz para obter, analisar, transmitir, gerir e dar feedback sobre a informação remota. O RMACS monitoriza e controla o estado da temperatura no escritório não tripulado, de modo a que os operadores possam tomar medidas quando ocorrem problemas circunstanciais. Os requisitos gerais de um RMAACS são delineados em termos dos seus principais atributos, como a facilidade de acessibilidade, a configurabilidade, a modularidade, a retenção de dados, a segurança e a indicação de falhas.

As vantagens da monitorização e do controlo remotos há muito que foram percebidas no sector industrial para utilizações na automatização, bem como para o aumento das normas de segurança. Estes podem ser utilizados para a aquisição de dados em linha em tempo real, monitorização e controlo de sistemas eléctricos instalados remotamente, motores eléctricos HT/LT, transformadores AT/LT, geradores, painéis de distribuição HT/LT, caldeiras ou qualquer máquina e sistema elétrico. O RMACS foi concebido para ser utilizado no controlo remoto e local, na monitorização do estado, na supervisão e na automatização de parâmetros de processos nas indústrias.

1.3 Sistema de segurança para automação industrial

Os sistemas de automatização modernos proporcionam elevados níveis de interconectividade. As implementações baseiam-se em plataformas comerciais de tecnologia da informação, muitas das quais são conhecidas por serem vulneráveis a ataques electrónicos.

No passado, os sistemas de automação industrial não estavam ligados entre si e não estavam ligados a redes públicas como a Internet. Hoje em dia, a situação é um pouco diferente: uma vez que o mercado pressiona as empresas a tomarem decisões rápidas e economicamente eficientes, a informação exacta e actualizada sobre a fábrica e o estado do processo deve estar disponível não só no chão de fábrica, mas também ao nível da gestão e mesmo para os parceiros da cadeia de abastecimento [3]. Isto resulta numa maior interconectividade entre diferentes sistemas de automação e entre sistemas de automação e de escritório. Os modernos sistemas de automação industrial baseiam-se, em grande medida, em sistemas operativos comerciais, implementação de protocolos e aplicações de comunicação originalmente desenvolvidos para o ambiente informático dos escritórios. Sabe-se que muitos destes sistemas e implementações são vulneráveis a ataques e, com as tecnologias abertas e normalizadas da Internet, a experiência e o conhecimento dessas vulnerabilidades estão facilmente disponíveis para potenciais atacantes. Ao ligar as instalações industriais à Internet ou a outras redes públicas, estas vulnerabilidades ficam expostas. Assim, as questões de segurança também devem ser abordadas nos sistemas de automação industrial. Os benefícios de fornecer sistemas de segurança à automação industrial [4] são

(i)   Oferece proteção contra intrusões e software malicioso.

(ii)   Reduz o potencial de interrupções do sistema devido à implemêntação de correcções e definições de segurança da manutenção, testando num sistema offline.

(iii)   Assegura a conformidade da política de segurança com os objectivos governamentais ou empresariais.

Os oito objectivos de segurança seguintes constituem um quadro adequado para estruturar os requisitos e as propriedades de segurança dos sistemas:

Confidencialidade:

O objetivo da confidencialidade consiste em impedir a divulgação de informações a pessoas ou sistemas não autorizados. Para os sistemas de automatização, este objetivo é relevante tanto no que diz respeito aos dados específicos do processo como nos segredos específicos dos mecanismos de segurança.

Integridade:

O objetivo da integridade consiste em garantir que as alterações efectuadas por pessoas ou sistemas não autorizados a informações específicas sejam detectadas. No caso dos sistemas de automação, isto aplica-se a informações como receitas de produtos, valores de sensores ou comandos de controlo. A violação da integridade pode causar problemas de segurança, ou seja, equipamentos ou mesmo pessoas podem ser prejudicados.

Disponibilidade:

Disponibilidade significa garantir que pessoas ou sistemas não autorizados não possam negar o acesso/utilização a utilizadores autorizados. No caso dos sistemas de automação, isto refere-se a todos os elementos da fábrica, como os sistemas de controlo, o sistema de segurança, os postos de trabalho dos operadores, os postos de trabalho de engenharia, os sistemas de execução da produção e os sistemas de comunicação entre estes elementos e com o mundo exterior. A violação da disponibilidade, também conhecida como negação de serviço (DoS), pode não só causar danos económicos, mas também problemas de segurança, uma vez que os operadores podem perder a capacidade de monitorizar e controlar o processo.

Autenticação:

A autenticação diz respeito à determinação da verdadeira identidade do utilizador do sistema e ao mapeamento desta identidade para um princípio interno do sistema (por exemplo, uma conta de utilizador válida) sob o qual o utilizador é conhecido pelo sistema. A maioria dos outros objectivos de segurança, nomeadamente a autorização, distingue entre utilizadores legítimos e ilegítimos com base na autenticação.

Autorização:

O objetivo de autorização, também conhecido por controlo de acesso, consiste em impedir que pessoas (ou sistemas) que não têm autorização acedam ao sistema. No sentido mais lato, a autorização refere-se ao mecanismo que distingue entre utilizadores legítimos e ilegítimos para todos os outros objectivos de segurança, por exemplo, confidencialidade, integridade, etc. No sentido mais restrito do controlo de acesso, refere-se à restrição da capacidade de emitir diferentes tipos de comandos para o sistema de controlo da instalação. A violação da autorização pode criar problemas de segurança.

Capacidade de auditoria:

A capacidade de auditoria diz respeito à possibilidade de reconstruir o historial completo do comportamento do sistema a partir dos registos de todas as acções (relevantes) nele executadas. Este objetivo de segurança visa sobretudo descobrir e encontrar as razões para o mau funcionamento do sistema e determinar o âmbito do mau funcionamento ou as consequências de um incidente de segurança. Note-se que a capacidade de auditoria sem autenticação pode servir para efeitos de diagnóstico, mas não permite a responsabilização.

Proteção de terceiros:

Um sistema de automatização atacado e subvertido com êxito pode ser utilizado para vários ataques aos sistemas informáticos, aos dados ou aos utilizadores de terceiros externos, utilizando, por exemplo, ataques distribuídos de negação de serviço (DdoS) ou ataques de worm. O objetivo de proteção de terceiros consiste em evitar a ocorrência deste tipo de danos.

A importância de cada objetivo de segurança depende do sistema, especificamente da sua finalidade e dos seus activos. Nos sistemas de automação, por exemplo, a confidencialidade é importante para os dados de produção e desempenho, enquanto a integridade e a autorização são mais relevantes para os comandos do operador, parâmetros e funções de controlo. Para cada sistema e instalação, deve existir uma política de segurança que indique os objectivos de segurança e as restrições específicas do sistema antes de se poder conceber a arquitetura de segurança de qualquer sistema.

Neste ponto, pode valer a pena salientar a diferença entre os conceitos de segurança e proteção aplicados a um sistema ou instalação de automação. Embora não existam definições indiscutíveis para estes termos, eles tendem a ser utilizados da seguinte forma. a segurança diz respeito à prevenção de ataques maliciosos intencionais, enquanto a segurança diz respeito à prevenção de danos causados por uma perda predominantemente não intencional ou aleatória da integridade e disponibilidade dos componentes da instalação, ou por erro do utilizador. O mecanismo de segurança [5] para cada objetivo de segurança é apresentado no quadro 1.1.

Quadro 1.1 Mecanismos de segurança para o objetivo de segurança

Security Objective	Security Mechanisms
Confidentiality	Encryption, Virtual Private Network (VPN), Secure Socket Layer (SSL)
Integrity	Cryptographic checksums, malware scanners
Availability	Redundancy, diversity, malware scanners
Authentication	Private IP address
Authorization	Hardened operating systems firewalls, personal firewalls, LAN
Audit ability	Intrusion Detection System (IDS), logs
Third party protection	Fire wall (egress filtering)

1.4 Introdução às tecnologias Ethernet

Do ponto de vista de um operador de rede, a procura crescente de serviços Ethernet / IP criou uma procura de mais largura de banda ou de uma utilização mais eficiente da largura de banda existente e a capacidade de criar novos serviços geradores de receitas e de gerir esses serviços de forma eficiente. A Ethernet, uma tecnologia de rede local (LAN) de camada física, tem quase 30 anos. Nas últimas três décadas, tornou-se a tecnologia LAN mais utilizada devido à sua velocidade, baixo custo e relativa facilidade de instalação. A isto junta-se a ampla aceitação no mercado informático e a capacidade de suportar a maioria dos protocolos de rede [6].

1.4.1 História da Ethernet

Robert Metcalfe, um engenheiro da Xerox, descreveu pela primeira vez o sistema de rede Ethernet em 1973. O sistema simples, mas inovador e, para a época, avançado, era utilizado para interligar estações de trabalho de computadores, enviando dados entre estações de trabalho e impressoras. A Ethernet de Metcalfe seguiu o modelo da rede Aloha, desenvolvida na década de 1960 na Universidade do Havai. No entanto, o seu sistema detectava colisões entre quadros transmitidos em simultâneo e incluía um processo de escuta antes de os quadros serem transmitidos, reduzindo assim consideravelmente as colisões.

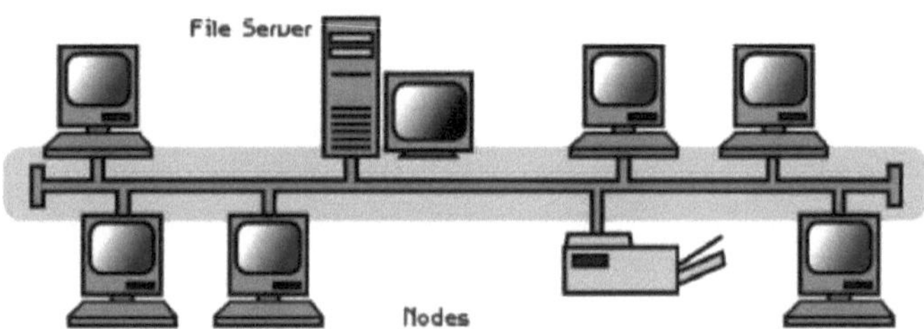

Figura 1.2: Ligação Ethernet através do Hub

Do ponto de vista de um operador de rede, a procura crescente de serviços Ethernet / IP criou uma procura de mais largura de banda ou de uma utilização mais eficiente da largura de banda existente e a capacidade de criar novos serviços geradores de receitas e de gerir esses serviços de forma eficiente. A Ethernet, uma tecnologia de rede local (LAN) de camada física, tem quase 30 anos. Nas últimas três décadas, tornou-se a tecnologia LAN mais utilizada devido à sua velocidade, baixo custo e relativa facilidade de instalação. Isto é combinado com a ampla aceitação do mercado de computadores e a capacidade de suportar a maioria dos protocolos de rede. O equipamento necessário para facilitar a comunicação num sistema Ethernet é determinado, em grande medida, pelo tamanho e número de redes que transportam quadros Ethernet.

1.4.2 Pontes

As pontes transferem pacotes da camada MAC de uma rede para outra. Funcionam como guardiãs entre redes e permitem apenas o tráfego necessário (frames) entre as redes que ligam. As pontes controlam o tráfego verificando os endereços de origem e destino e encaminhando apenas o tráfego específico da rede. As pontes também verificam a existência de erros e eliminam o tráfego corrompido, desalinhado e redundante. As pontes ajudam a evitar colisões e criam domínios de colisão separados, retendo e examinando pacotes Ethernet inteiros antes de os encaminhar. Isso permite que a rede cubra distâncias maiores e adicione mais repetidores à rede.

1.4.3 Routers

Os routers funcionam de forma muito semelhante às pontes e aos comutadores, filtrando o tráfego de rede desnecessário, mas concentram-se nas funções de rede (camada 3 do OSI) e não nas funções físicas (camada 1 do OSI). Filtram o tráfego de rede dividindo as redes logicamente em sub-redes e admitindo apenas o tráfego destinado a endereços IP nessas sub-redes individuais. Ao atuar como firewall, um router pode impedir que pacotes indesejados entrem ou saiam de uma rede. Os routers funcionam também como um nível adicional de segurança. Os routers podem ser configurados com listas de acesso que definem quais os protocolos e anfitriões que têm acesso a uma rede.

1.4.4 Interruptores

Os comutadores Ethernet pegaram no conceito de ponte e tornaram-no maior, ligando várias redes. Os comutadores podem aumentar o desempenho da rede, eliminando o tráfego estranho nos segmentos de rede. Os comutadores Cut through Store e forward cut through utilizam algoritmos que lêem o endereço de destino no cabeçalho do quadro e encaminham imediatamente o quadro para a porta do comutador ligada ao endereço MAC de destino. Isto é muito rápido porque, uma vez lida a informação do cabeçalho, o resto do quadro é transmitido sem inspeção. Os comutadores de armazenamento e encaminhamento, como uma ponte, retêm o quadro até que todo o pacote seja inspecionado. Este tipo de comutador certifica-se de que o quadro está apto a viajar antes de o transmitir. Felizmente, os comutadores de armazenamento e encaminhamento são quase tão rápidos quanto os comutadores de corte, de modo que o trabalho extra não requer tempo adicional significativo.

1.4.5 Hubs/Repetidores

Os hubs activos e os repetidores ligam segmentos de LAN, e os termos são frequentemente utilizados como sinónimos. Os hubs activos são descritos como o dispositivo central numa topologia em estrela e, embora liguem vários segmentos de cabo num ponto, também repetem os sinais de entrada antes de os transmitirem para os seus destinos.

Os hubs podem ser concebidos para suportar o protocolo de gestão de rede simples (SNMP), para que o software de gestão de rede possa administrar e reconfigurar o hub. Os repetidores são usados quando a distância entre os computadores é grande o suficiente para causar degradação do sinal. Os repetidores também devem escutar e transmitir seus sinais somente quando a linha estiver livre.

1.4.6 Protocolos Ethernet

Os protocolos de rede são normas estabelecidas que descrevem a forma como os computadores comunicam entre si. Estes protocolos incluem:

- Identificação informática

- Formato dos dados em trânsito

- Processamento de dados no destino final
- Manuseamento da transmissão perdida ou danificada

- TCP/IP (UNIX®, Windows® NT, Windows 2000)

O Protocolo de Controlo de Transmissão/Protocolo de Internet (TCP/IP) são apenas dois de vários protocolos da Internet; no entanto, passaram a representar todos eles. São normalmente designados por TCP sobre IP porque o IP funciona ao nível da Camada 3 (rede) e o TCP está por cima dessa camada, funcionando ao nível da Camada 4 (transporte). A entrega de mensagens é garantida pelo TCP. Permite que computadores cooperantes partilhem recursos através de uma rede. O TCP funciona com o IP porque este é responsável pelo endereçamento e encaminhamento das mensagens.

O TCP/IP é popular por várias razões

1. É uma excelente plataforma de aplicação cliente-servidor, especialmente quando utilizada num ambiente de rede de área alargada (WAN).
2. Permite a partilha de uma grande quantidade de informações.
3. Está geralmente disponível em todo o mundo. Mesmo os fabricantes de periféricos Ethernet tornam os seus produtos compatíveis com TCP/IP.

1.4.7 Redes Ethernet

Existem vários tipos de redes Ethernet em utilização em todo o mundo. São semelhantes na medida em que são conjuntos de computadores independentes que comunicam e partilham recursos utilizando hardware de transmissão; dispositivos para ligar e controlar sinais; e software para descodificar e formatar dados, bem como para detetar e corrigir erros. Duas das mais importantes redes Ethernet utilizadas atualmente são:

1. Rede local (LAN)

2. Rede de área alargada (WAN)

Uma LAN está normalmente confinada a uma área geográfica, como um edifício ou um campus. Embora estreitamente confinada geograficamente, uma LAN pode ser complexa, consistindo em centenas de computadores e milhares de utilizadores. As redes locais são omnipresentes porque a Ethernet (a tecnologia LAN de camada física mais popular) é relativamente barata e as normas Ethernet são amplamente aceites. Uma WAN é um conjunto de LANs que estão ligadas de várias formas, utilizando uma variedade de serviços. A geografia não limita a intercomunicação entre LANs e WANs. Tudo, desde linhas telefónicas a ligações via satélite, é utilizado para criar WANs [7].

1.4.8 Internet VS Ethernet:

A Ethernet é uma rede de área local utilizada para ligar computadores próximos uns dos outros. A Internet é uma rede de área alargada à qual os computadores distantes se podem ligar para aceder a informações. A Ethernet e a Internet pertencem à ligação em rede, mas o âmbito e o alcance da ligação em rede são diferentes. A Ethernet é uma rede de área local (LAN) que liga computadores numa localização local. A Internet é uma rede de área alargada (WAN) à qual os computadores de todo o mundo se podem ligar para aceder a informações, pelo que a Internet é uma rede de redes. A figura dá uma ideia da Ethernet e da Internet.

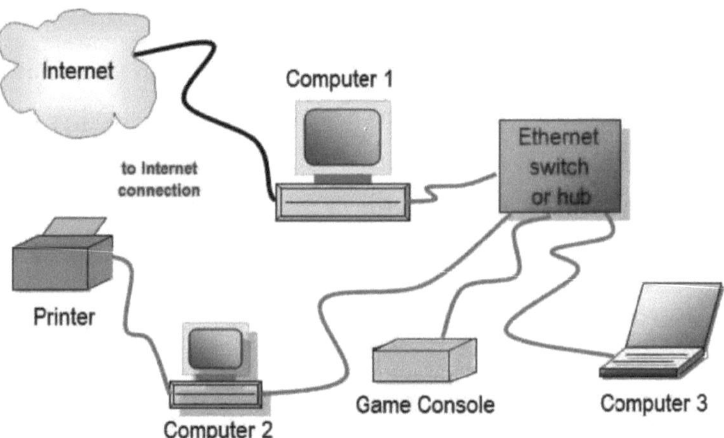

Figura 1.3: Estrutura básica da Ethernet

A Ethernet é basicamente uma rede que permite que os computadores numa área local se liguem uns aos outros. É um grupo de tecnologias que permite que os computadores transmitam dados entre si. Os computadores ligados através da Ethernet encontram-se normalmente no mesmo edifício ou muito próximos uns dos outros. Com a tecnologia moderna e os melhoramentos nos cabos Ethernet, o alcance de uma rede Ethernet pode ser melhorado até uma extensão máxima de dez quilómetros. No entanto, como os computadores utilizam metros de cabo para se ligarem uns aos outros, não é prático ligar computadores muito distantes uns dos outros.

Em termos leigos, a Ethernet é a rede que liga o computador e o portátil à impressora e ao modem. O modem, por sua vez, liga-se à Internet, através da qual pode conversar ou usar o Skype com o seu amigo, a centenas de quilómetros de distância. Assim, o computador, o portátil, a impressora e o modem formam uma rede Ethernet. Como pode imaginar, existem, portanto, milhares de Ethernets em todo o mundo. As empresas também utilizam Ethernets para ligar todos os seus computadores a um servidor principal, que aloja a informação das suas empresas.

As Ethernets são geridas por um administrador de sistemas ou por alguns administradores de sistemas. São eles que gerem e controlam a rede. Em sua casa, é você ou um dos seus pais. Numa empresa, pode ser o departamento técnico. No entanto, a Internet é demasiado vasta para ser controlada por administradores. Existem agências que tratam ou gerem certos aspectos da Internet, mas não têm controlo sobre ela.

Outra diferença entre as Ethernets e a Internet é a questão da segurança. As Ethernets são normalmente seguras, uma vez que se trata de uma rede fechada, ou seja, as pessoas do exterior têm um acesso limitado ou nulo à rede. No entanto, a Internet tem um acesso aberto, ou seja, toda a gente pode aceder aos dados e à informação em linha. Isto abre caminho para que as pessoas invadam o seu computador e introduzam vírus e malware. Por isso, é preciso ter cuidado. Foram desenvolvidos muitos programas antivírus, anti-spyware e anti-malware para os utilizadores.

1.5 Introdução aos sistemas incorporados

Uma definição geral de sistema incorporado é a de que se trata de dispositivos utilizados para controlar, monitorizar ou auxiliar o funcionamento de equipamentos, máquinas ou instalações. Os sistemas incorporados são pequenos sistemas incorporados ou ocultos num grande sistema.

O sistema incorporado é uma combinação de hardware e software. A parte de software toma todas as decisões e estas são executadas através da parte de hardware. A parte do software é programada pelo fabricante do dispositivo inteligente. Mas há uma diferença subtil entre um sistema de computador de secretária (PC doméstico) e um sistema lógico incorporado (PC industrial-IPC- ou PC Mil-Grade). Um computador de secretária pode ser programado pelo utilizador muitas vezes à vontade. Mas um sistema incorporado é programado pelo fabricante do dispositivo inteligente e não pode ser alterado pelos clientes (firmware). Essencialmente, um sistema incorporado desempenha uma única função durante toda a sua vida útil.

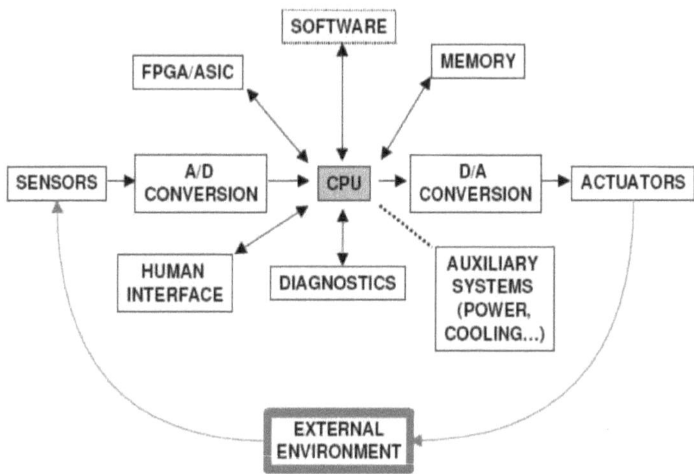

Figura 1.4: Organização do sistema incorporado

Processador:

É o cérebro do circuito lógico incorporado. Para aplicações em que o espaço necessário é elevado, mas a capacidade de processamento e os requisitos de memória são baixos, como nos brinquedos, cartões inteligentes, etc., são utilizados microprocessadores de trinta e dois bits da Rabbit, MIPS, Atmel, ARM. Para aplicações em que o espaço necessário é reduzido, mas a capacidade de processamento e os requisitos de memória são elevados, como nos computadores de mão. Processador de sinal digital (DSP) - São utilizados dispositivos analógicos, Texas Instruments.

Memória:

A memória divide-se em duas categorias: memória de programa e memória de dados. A memória de programa armazena o firmware de forma permanente, enquanto o conteúdo da memória de dados é apagado quando a alimentação é desligada. Os chips de memória são classificados como.

Memória de acesso aleatório (RAM) - SRAM, DRAM.

Memória só de leitura (ROM) - PROM, EPROM.

Memória híbrida - EEPROM, memória flash.

Sensores:

Os sistemas incorporados têm de converter a informação da vida real em sinais eléctricos equivalentes. Isto é conseguido através de sensores que convertem uma forma de energia noutra forma.

Conversores:

O A/D e o D/A são utilizados para converter sinais analógicos em digitais e sinais digitais em analógicos. Estes são utilizados nos sistemas incorporados para processar a informação.

Interface humana:

Um dispositivo de interface humana ou HID é um tipo de dispositivo informático que interage diretamente com os seres humanos e que, na maior parte das vezes, recebe inputs de seres humanos e pode fornecer outputs aos mesmos. A interação entre utilizadores e computadores ocorre na interface do utilizador, que inclui software e hardware.

Software:

Todos os dispositivos informáticos, quer se trate de uma estrutura principal, de um computador de secretária ou de um sistema incorporado, necessitam de um software através do qual o utilizador interage com o hardware. O software é o sistema operativo da aplicação.

1.6 Uma breve história da medição da temperatura

Os povos antigos estavam fisicamente conscientes do calor e do frio e, provavelmente, relacionavam a temperatura com o tamanho da fogueira necessária e com a proximidade a que se sentavam para se manterem quentes. Uma tribo australiana, ainda primitiva, usa um cão em vez de cobertores para se manter quente, pelo que pode relacionar a temperatura com o cão. Uma noite moderadamente fresca pode necessitar de dois cães para se manter quente, pelo que é uma noite de dois cães.

Os povos primitivos eram, inicialmente, bombeiros, que mantinham os incêndios originalmente iniciados por causas naturais. Mais tarde, aprenderam a fazer fogo e tornaram-se fabricantes de fogo. Por fim, tornaram-se gestores do fogo, uma vez que aprenderam a trabalhar com o fogo para obter o calor necessário para ferver água, cozinhar carne, cozer cerâmica (500°F ou 257°C), trabalhar com cobre, estanho, bronze (uma liga de cobre e estanho) e ferro, e para fazer vidro. Embora não dispusessem de dispositivos de medição quantitativa para determinar a temperatura de um fogo, desenvolveram receitas para a construção de diferentes tipos de fogos e provavelmente utilizavam um indicador físico, como a fusão de um mineral ou metal, para indicar a temperatura correta para um determinado processo. Os gregos antigos sabiam que o ar se expandia quando aquecido e aplicavam o princípio mecanicamente, mas não desenvolveram meios de medir a temperatura ou a quantidade de calor necessária e não conceberam instrumentos de medição.

O cientista italiano Galileu (1564-1642) é um dos primeiros registados a tentar medir a temperatura, em 1592 [8]. O seu dispositivo de medição consistia num bolbo de ar que, quando aquecido, forçava o líquido a descer por uma coluna imersa num recipiente aberto com o líquido mostrado na Figura 1.5. Por volta de 1611, o termómetro foi calibrado por Sanctorius, um colega de Galileu, que observou o nível do líquido quando o bolbo era arrefecido com neve derretida e, novamente, quando aquecido com uma vela. O espaço na coluna, entre estes dois pontos, foi então dividido em 110 partes iguais.

Figura 1.5: Termómetro de ar de Galileu

Jean Rey (1582-1645), um médico francês, inventou o primeiro termómetro líquido em 1632. O seu termómetro consistia num frasco com um gargalo comprido e fino, parcialmente cheio de água, como mostra a Figura 1.6. À medida que a temperatura mudava, o nível do líquido subia ou descia em resposta.

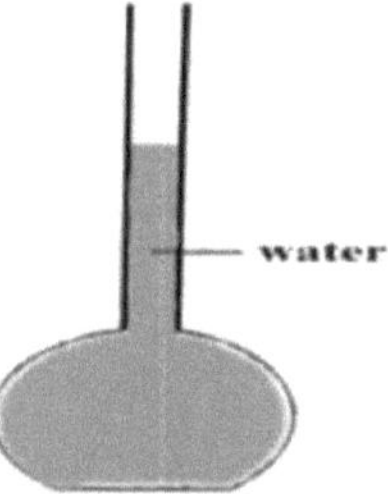

Figura 1.6: Termómetro de líquido de Rey

Infelizmente, verificou-se mais tarde que estes primeiros termómetros eram afectados por alterações na pressão atmosférica. Os termómetros selados, com líquido em vidro, foram fabricados pela primeira vez por volta de 1644. Dos vários líquidos utilizados, como a água, o álcool e o mercúrio, o álcool era preferido, uma vez que apresentava a maior expansão em resposta a aumentos de temperatura.

No século seguinte, a maior parte da atenção foi dada à obtenção de uma escala de temperatura reproduzível e foram concebidas mais de 35 escalas. Normalmente, o termómetro era calibrado a duas temperaturas, fornecendo marcas fixas e dividindo o intervalo entre elas. Uma dessas escalas era a de 12 graus, concebida por Sir Issac Newton (1642-1727), em que o gelo derretido era atribuído a zero graus e a temperatura corporal a 12 graus. Uma das melhores escalas foi a de Ole Romer (1644-1710), um astrónomo dinamarquês que utilizou uma mistura de gelo e sal, que atribuiu como zero (graus), e água a ferver, que atribuiu como 60 (graus). Isto fez com que o ponto de congelação da água fosse de 8 (graus) na sua escala e a temperatura corporal fosse de 22U (graus). A escala de Romer é importante na medida em que influenciou Daniel Gabriel Fahrenheit (1686-1736), um fabricante de instrumentos holandês de ascendência alemã. Fahrenheit tornou-se famoso pelos seus termómetros de mercúrio de alta qualidade [9].

A escala Celsius é atribuída ao astrónomo sueco Anders Celsius (17011744). Em 1742, Celsius criou a sua escala termométrica, atribuindo 0° ao ponto de ebulição da água a uma determinada pressão barométrica e 100° à temperatura da neve derretida. Pouco tempo depois, a forma invertida da escala de Celsius (ou seja, 0° para o ponto de congelação e 100° para o ponto de ebulição da água) passou a ser utilizada na Suécia e em França, conhecida como escala centígrada. Em 1948, foi oficialmente designada por escala Celsius.

A escala de temperatura absoluta baseou-se nos cálculos da lei dos gases de Jacques Charles e Joseph Gay-Lussac, que mostrava que o volume de um gás diminui 1/273,15 do seu volume a 0°C e à pressão de uma atmosfera por cada descida de um grau na temperatura. Esta lei deu origem à temperatura, zero absoluto, que foi definida como a temperatura à qual um gás ideal não teria volume e que foi determinada como sendo 273,15°C.

Em 1848, William Thomson (mais tarde Lord Kelvin) (1824-1927) propôs uma temperatura termodinâmica escalonada com base na eficiência de um motor térmico ideal proposto em 1824 por Sadi Carnot. Kelvin demonstrou que as temperaturas definidas através dos seus cálculos eram idênticas às definidas pelas leis dos gases. Para manter a sua escala compatível com a que já estava a ser utilizada, definiu o tamanho dos graus de temperatura igual ao da escala Celsius. Assim, o -Kelvin (nomeado em sua homenagem e simbolizado por K, sem o sinal de grau) tem a mesma magnitude que o grau Celsius. Uma comparação das escalas de temperatura Fahrenheit, Celsius e Kelvin é mostrada na Figura 1.7.

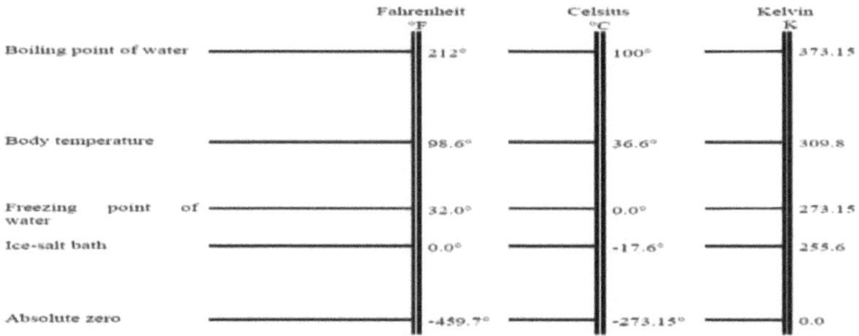

Figura 1.7: Comparação das escalas de temperatura Fahrenheit, Celsius e Kelvin.

1.7 Dispositivos de medição da temperatura

O controlo da temperatura é importante para os processos de separação e reação, e a temperatura tem de ser mantida dentro de limites para garantir o funcionamento seguro e fiável do equipamento de processo. Devemos compreender os pontos fortes e as limitações de cada sensor, de modo a podermos selecionar o melhor sensor para cada aplicação. Em quase todos os casos, o sensor de temperatura é protegido dos materiais do processo para evitar interferências com a deteção correta e para eliminar danos no sensor. Os sensores são utilizados para a monitorização e controlo de processos. Estes são elementos essenciais para uma operação segura e rentável da fábrica, que só podem ser alcançados se os sensores adequados forem selecionados e instalados nos locais corretos. A temperatura pode ser medida por muitos métodos, utilizando diferentes tipos de sensores; vários dos mais comuns são descritos nesta secção.

Termopares:

Um termopar [10] é uma junção de dois metais diferentes, que produz uma pequena tensão quando aquecido. A quantidade de tensão depende dos dois metais que estão unidos. Três combinações comuns de termopares são Ferro-Constantan (tipo J), Cobre-Constantan (tipo T) e Cromel-Alumel (tipo K). O termopar proporciona um bom equilíbrio entre precisão, fiabilidade e custo e é um dos dispositivos de medição de temperatura mais utilizados nas indústrias de processo. O sensor de termopar é apresentado na Figura 1.8.

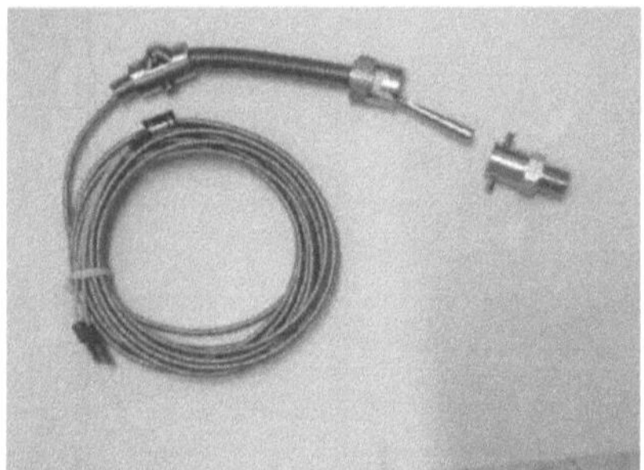

Figura 1.8: Termopar

Detectores de temperatura de resistência (RTD):

Um detetor de temperatura por resistência (RTD) [11] é um fio que muda de resistência com a temperatura. Os materiais típicos de RTD incluem cobre, platina, níquel e liga de níquel/ferro. Um elemento RTD pode ser um fio ou uma película, revestida ou pulverizada sobre um substrato como a cerâmica.

Os sensores de temperatura RTD são utilizados quando é necessária uma deteção de temperatura exacta e repetível. São fabricados a partir de platina e estão disponíveis numa configuração de 2 ou 3 fios, como se mostra na Figura 1.9. Os RTDs são normalmente utilizados para aplicações em que é necessária uma precisão superior à fornecida pelos termopares. São principalmente utilizados para a medição da temperatura do ar com redes de estações meteorológicas [12] para fornecer dados de temperatura de elevada qualidade e fidelidade que podem ser amplamente utilizados para as ciências atmosféricas e afins.

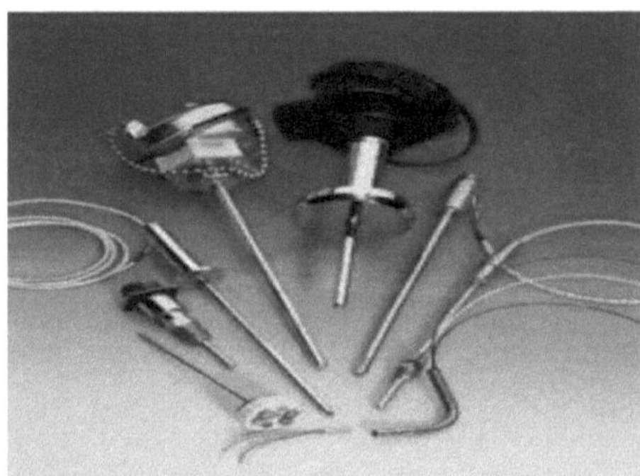

Figura 1.9: Detectores de temperatura por resistência

A resistência do RTD é especificada a 0°C. Um RTD típico de platina com resistência de 100Q a 0°C teria uma resistência de 100,39 Q a 1°C e uma resistência de 119,4 Q a 50°C. A Figura 1.10 mostra uma comparação de uma curva típica de temperatura/resistência de um RTD com a de um termistor. A tolerância dos RTDs é melhor do que a dos termístores, variando tipicamente entre 0,01% para a platina e 0,5% para o níquel. Para além da melhor tolerância e da resistência globalmente mais baixa, a interface para um RTD é semelhante à de um termístor.

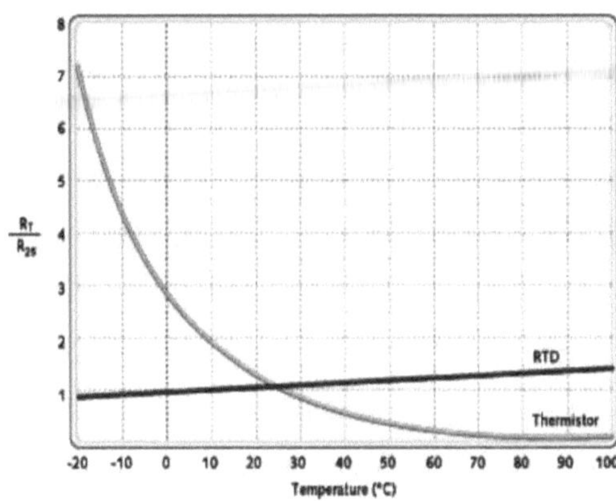

Figura 1.10: Curva temperatura/resistência: RTD vs. termistor

Termistor:

Os termístores [13] são sensores de temperatura baratos e fáceis de obter. São fáceis de utilizar e adaptáveis. Estes são mostrados na Figura 1.11. Os circuitos com termístores podem ter tensões de saída razoáveis e não as saídas de milivolts dos termopares.

Figura 1.11 Termistores NTC

Devido a estas qualidades, os termístores são amplamente utilizados para medições simples de temperatura. Não são utilizados para temperaturas elevadas, mas nas gamas de temperatura em que funcionam são muito utilizados. Os termístores são resistências sensíveis à temperatura. Todas as resistências variam com a temperatura, mas os termístores são construídos com material semicondutor com uma resistividade que é especialmente sensível à temperatura. No entanto, ao contrário da maioria dos outros dispositivos resistivos, a resistência de um termístor diminui com o aumento da temperatura. Isto deve-se às propriedades do material semicondutor de que o termístor é feito. Para alguns, isto pode ser contra-intuitivo, mas está correto.

Sensor de estado sólido:

O sensor de temperatura de estado sólido mais simples é uma junção PN, como um díodo de sinal ou a junção base-emissor de um transístor. Se a corrente através da junção PN de silício polarizada para a frente for mantida constante, a queda para a frente diminui cerca de 1,8 mV por °C. Vários CIs tiram partido desta caraterística do semicondutor para medir a temperatura. Essas peças incluem o Maxim MAX1617, o National Semiconductor LM335 e o LM74. Os sensores de estado sólido têm diferentes interfaces e são mostrados na Figura 1.12.

Figura 1.12: Sensores de temperatura de estado sólido

Sensor bimetálico:

Os metais expandem-se com o aumento da temperatura, e a taxa de expansão difere entre metais. Uma espiral construída com duas tiras de metal ligadas irá enrolar (desenrolar) à medida que a temperatura muda. A mudança de posição da espiral pode ser detectada e utilizada para determinar a temperatura. Isto proporciona um sensor robusto e de baixo custo, que é frequentemente utilizado para visores locais e para o controlo de temperatura on-off, ou seja, um termóstato. Os sensores bimetálicos são apresentados na Figura 1.13.

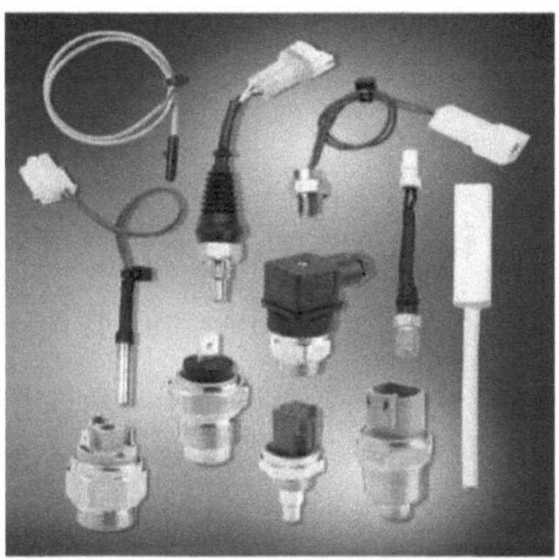

Figura 1.13: Sensores bimetálicos

1.8 Princípios e propriedades

Termómetros de resistência

Os termómetros de resistência medem a temperatura de um objeto com base nas alterações da resistência eléctrica do elemento sensor. São normalmente utilizados dois tipos de termómetros de resistência: termístores e dispositivos de temperatura de resistência (RTD). Um termístor utiliza um semicondutor como elemento de deteção. A resistência eléctrica do semicondutor, feita principalmente de óxidos metálicos (por exemplo, NiO), diminui acentuadamente à medida que a temperatura aumenta. A resposta segue a relação geral [14].

$$R = R_0 \, e\beta(1/T-1/T0) \qquad ... \qquad (1)$$

Onde R é a resistência eléctrica (V) à temperatura T (K), R0 é a resistência eléctrica a uma temperatura de referência, T0. p é uma constante para materiais específicos (K) e é da ordem de 4000. A temperatura de referência, T0, é geralmente tomada como 298K (25°C).

O RTD utiliza materiais metálicos (por exemplo, platina) como elemento de deteção. A resistência eléctrica de um metal muda de forma previsível com a temperatura. É utilizada uma relação geral para converter a resistência eléctrica R em temperatura T:

$$R_T = R_0 \, (1 + aT + bT^2 + cT^3 ...... +) ....(2)$$

Onde RT é a resistência eléctrica à temperatura T, R0 é a resistência eléctrica a uma temperatura de referência, normalmente 0°C, e a, b e c são constantes do material. O número de termos usados na Eq. (2) depende do material usado no sensor, da faixa de temperatura a ser medida e da precisão necessária. Em muitos casos, apenas a constante a é utilizada para proporcionar uma precisão satisfatória em gamas de temperatura limitadas. A Figura 1.14 mostra a gama de temperaturas e o rácio da resistência de saída dos três metais normalmente utilizados: platina, níquel e cobre. O RTD tem um pequeno coeficiente positivo de resistência à temperatura de

0,0039 para o RTD de platina a 25°C, em comparação com um elevado coeficiente negativo de resistência à temperatura de cerca de -0,045 para um termístor com um valor β de 4000.

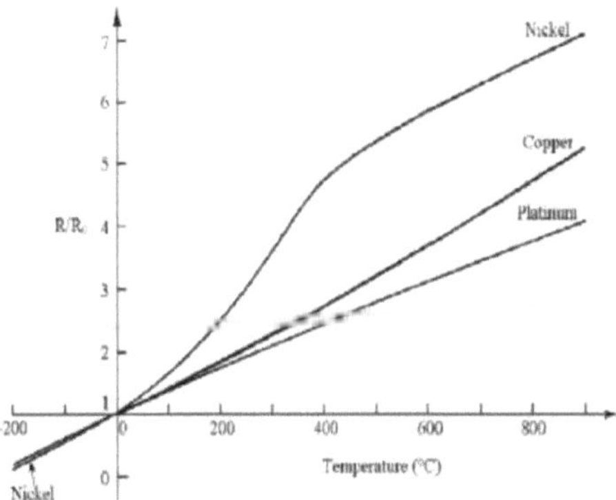

Figura.1.14: Relação resistência-temperatura para platina, níquel e cobre

O RTD mais utilizado é um sensor de resistência de platina, cuja medição é de 100Ω e 139 Ω, correspondendo a 0 e 100°C, respetivamente. A resistência do fio de ligação e as alterações na resistência do fio de ligação com a temperatura podem ter efeitos significativos nas leituras da resistência. Na aplicação, a resistência da RTD é transformada em tensão e medida num circuito em ponte ligado por dois, três ou quatro fios, de acordo com os objectivos da aplicação e a necessidade de minimizar a influência da resistência do fio condutor. O RTD pode ser aplicado para medir substâncias sólidas, líquidas e gasosas a temperaturas entre -200 e 800°C. Um dos principais problemas dos sensores RTD é o tempo de resposta relativamente lento devido à bainha de proteção (cerâmica, vidro ou aço inoxidável). A precisão do sensor da ordem dos 0,2°C pode ser alcançada com uma calibração cuidadosa em gamas de temperatura específicas.

1.9 Aplicação de sensores de temperatura

Os sensores de temperatura são selecionados de acordo com a precisão necessária, o tempo de resposta, o investimento inicial, o custo de manutenção, as condições ambientais e a estabilidade da calibração. Os exemplos de aplicações típicas dos sensores de temperatura acima referidos estão resumidos no Quadro 1.2. Os termístores são geralmente utilizados para medir a temperatura numa gama estreita, devido à sua elevada precisão (± 0,1°C) em pequenas gamas. Os termopares são amplamente utilizados devido à sua precisão aceitável, tempo de resposta rápido e baixo custo. Os RTDs, no entanto, proporcionam uma melhor precisão e estabilidade. O termómetro sónico é normalmente utilizado para medir a temperatura do ar no ambiente turbulento de armazéns e silos. Os termómetros de radiação são especialmente adequados para a medição de objectos em movimento ou de objectos no interior de recipientes sob vácuo ou sob pressão. Os sensores de radiação respondem muito rapidamente, mas são mais dispendiosos do que os termopares ou RTDs. O caminho de observação e os elementos ópticos dos detectores de radiação devem ser mantidos limpos. Os termómetros de fibra ótica podem ser utilizados em campos electromagnéticos muito fortes.

Tabela 1.2 Propriedades e exemplos de aplicações típicas de sensores de temperatura

Sensor	Signal output	Measurement range (°C)	Accuracy	Example of typical applications
Thermistor	Resistance	− 50 ~ 200	± 0.1%	Reference for data loggers
RTD	Resistance	− 200 ~ 850	± 0.2°C	Precise and stable measurements
Thermocouple	Voltage	− 250 ~ 400	± 0.5°C	Most food and agricultural applications
Sonic anemometer	Voltage	− 10 ~ 80	± 0.4%	Airflow temperature in storage and bins
Far-infrared thermometer	Voltage	~ 4000	< 1%	Surface temperature of foods in drying and baking
Fibre-optic thermometer	Voltage	− 50 ~ 250	± 0.5%	Microwave and radio frequency heating and drying

1.10 Sensores de humidade

A humidade é a presença de água no ar. A quantidade de vapor de água no ar pode afetar o conforto humano, bem como muitos processos de fabrico nas indústrias. A presença de vapor de água também influencia vários processos físicos, químicos e biológicos.

Figura 1.15: Sensor de humidade

A medição da humidade nas indústrias é fundamental porque pode afetar o custo comercial do produto e a saúde e segurança do pessoal. Por conseguinte, **a deteção da humidade** é muito importante, especialmente nos sistemas de controlo dos processos industriais e do conforto humano.

O controlo ou monitorização da humidade é de extrema importância em muitas aplicações industriais e domésticas. Na indústria de semicondutores, os níveis de humidade têm de ser devidamente controlados e monitorizados durante o processamento de bolachas. Em aplicações médicas, o controlo da humidade é necessário para equipamentos respiratórios, esterilizadores, incubadoras, processamento farmacêutico e produtos biológicos. O controlo da humidade também é necessário na purificação de gases químicos, secadores, fornos, dessecação de películas, produção de papel e têxteis e processamento de alimentos. Na agricultura, a medição da humidade é importante para a proteção das plantações (prevenção do orvalho), monitorização da humidade do solo, etc. Nas aplicações domésticas, o controlo da humidade é necessário para o ambiente de vida nos edifícios, para o controlo da cozedura nos fornos de micro-ondas, etc. Em todas estas aplicações e em muitas outras, são utilizados **sensores de humidade** para fornecer uma indicação dos níveis de humidade no ambiente.

1.11 Princípios dos sensores

Existem vários tipos de sensores de humidade; existem em diferentes tamanhos, funcionam a diferentes temperaturas e detectam diferentes níveis de precisão. Existem três tipos principais de sensores de humidade

a **Capacitivo**

b **Resistivo**

c **Condutividade térmica**

Os sensores de humidade baseados no efeito capacitivo ou simplesmente sensores de humidade capacitivos são um dos tipos básicos de sensores de humidade disponíveis. São frequentemente utilizados em aplicações em que factores como o custo, a rigidez e o tamanho são uma preocupação. Nos sensores capacitivos de humidade relativa (RH), a permissividade eléctrica do material dielétrico muda com a alteração da humidade.

1.11. Funcionamento dos sensores RH capacitivos

Um sensor capacitivo de humidade relativa simples pode ser fabricado a partir de um condensador cheio de ar, uma vez que a humidade na atmosfera altera a sua permissividade. Mas para aplicações práticas, o ar como dielétrico não é viável. Assim, o espaço entre as placas do condensador é normalmente preenchido com um material dielétrico adequado (isolador), cuja constante dieléctrica varia quando está sujeito a alterações de humidade. O método comum de construção de um sensor capacitivo de humidade relativa consiste em utilizar uma película de polímero higroscópico como dielétrico e depositar duas camadas de eléctrodos em ambos os lados.

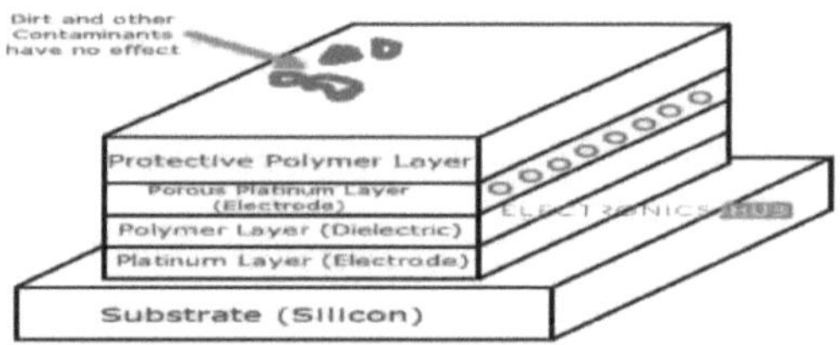

Figura 1.16: sensores RH capacitivos

Outra forma de utilizar os sensores capacitivos de humidade relativa é observar as alterações na frequência do oscilador construído utilizando um condensador com um objeto de ensaio sensível à humidade relativa como dielétrico. Esta configuração é frequentemente utilizada em produtos farmacêuticos. As amostras de ensaio, como comprimidos médicos, são colocadas entre duas placas (que formam os eléctrodos do condensador) para formar um condensador no circuito do oscilador LC. A frequência do oscilador muda com a humidade que envolve a amostra de ensaio.

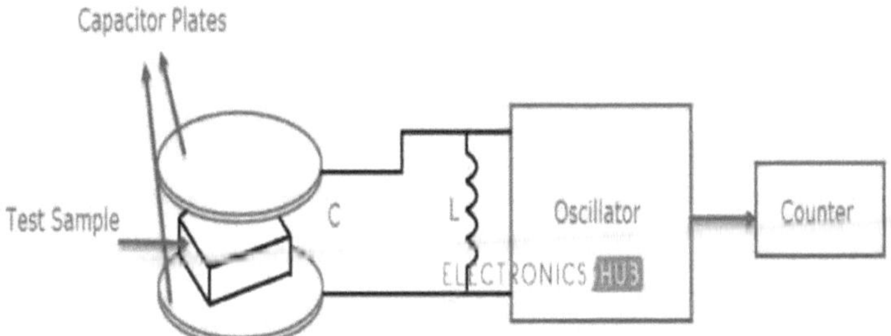

Figura 1.18: Condensador no circuito do oscilador LC

Vejamos a construção de um sensor capacitivo de RH baseado numa película fina de polímero termostático. Este é fabricado num substrato de silício. Neste substrato, são depositados dois eléctrodos metálicos feitos de alumínio, platina ou crómio. A forma destes eléctrodos é esculpida de modo a que os eléctrodos formem um padrão interdigitado. No topo desta camada, é depositada uma camada dieléctrica. A imagem seguinte mostra uma vista superior e uma vista em corte transversal do sensor capacitivo de humidade. Note-se que duas resistências sensíveis à temperatura são depositadas no mesmo substrato para proporcionar uma compensação de temperatura.

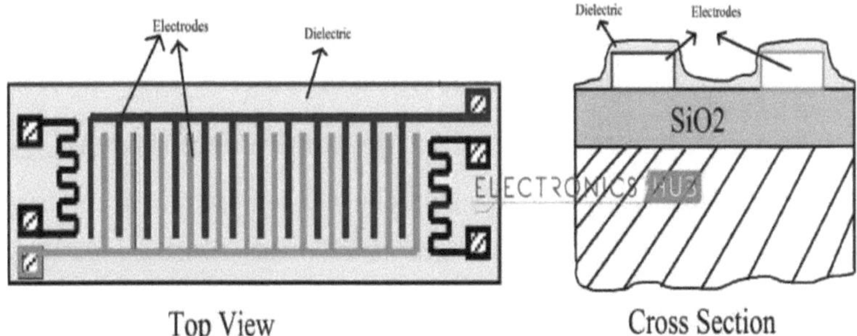

Figura 1.19: Sensor capacitivo de HR com base em película de polímero

Vantagens dos sensores de humidade capacitivos

- A tensão de saída é quase linear.
- Proporcionam resultados estáveis durante uma utilização prolongada.
- Pode detetar uma vasta gama de RH.

Desvantagens dos sensores de humidade capacitivos

- A distância entre o sensor e o circuito de sinalização é muito limitada.

Aplicações dos sensores capacitivos de humidade

Os sensores de humidade capacitivos são utilizados numa vasta gama de aplicações, incluindo, mas não se limitando a:

- Sistemas HVAC

- Impressoras e aparelhos de fax

- Estações meteorológicas

- Automóveis

- Processamento de alimentos

- Frigoríficos, fornos e secadores

1.11. B Sensores de humidade resistivos (condutividade eléctrica Sensores)

Os sensores de humidade resistivos são outro tipo importante de sensores de humidade que medem a resistência (impedância) ou a condutividade eléctrica. O princípio subjacente aos sensores de humidade resistivos é o facto de a condutividade em condutores não metálicos depender do seu teor de água.

1.11. B.1 Funcionamento dos sensores de humidade resistivos

O sensor de humidade resistivo é normalmente constituído por materiais com uma resistividade relativamente baixa e esta resistividade muda significativamente com as alterações da humidade. A relação entre a resistência e a humidade é exponencial inversa. O material de baixa resistividade é depositado em cima de dois eléctrodos. Os eléctrodos são colocados num padrão interdigitado para aumentar a área de contacto. A resistividade entre os eléctrodos muda quando a camada superior absorve água e esta mudança pode ser medida com a ajuda de um circuito elétrico simples.

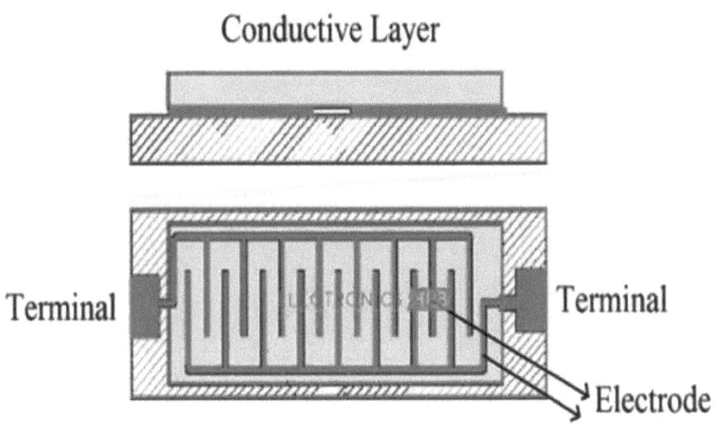

Figura 1.20: Sensores de humidade resistivos

Alguns dos materiais normalmente utilizados são o sal, substratos especialmente tratados, polielectrólitos sólidos e polímeros condutores. Os sensores de humidade resistivos modernos são revestidos com uma substância cerâmica para proporcionar uma proteção adicional. Os eléctrodos do sensor são normalmente feitos de metais nobres como o ouro, a prata ou a platina. Vantagens dos sensores de humidade resistivos Baixo custo, tamanho reduzido. A distância entre o sensor e o circuito de sinal pode ser grande (adequado para operações remotas).

1.11. C Sensores de humidade de condutividade térmica

Os Sensores de Humidade de Condutividade Térmica são também conhecidos como Sensores de Humidade Absoluta (AH), uma vez que medem a Humidade Absoluta. Os Sensores de Humidade de Condutividade Térmica medem a condutividade térmica tanto do ar seco como do ar com vapor de água. A diferença entre as condutividades térmicas individuais pode ser relacionada com a humidade absoluta.

1.11. C.1 Funcionamento dos sensores de condutividade térmica e humidade

O melhor componente para realizar um sensor de humidade baseado na condutividade térmica é o termistor. Assim, são utilizados dois termístores minúsculos com coeficiente de temperatura negativo para formar um circuito em ponte, como se mostra na figura 1.21. Neste circuito, um termístor é hermeticamente fechado numa câmara cheia de azoto seco, enquanto o outro é exposto ao ambiente aberto através de pequenos orifícios de ventilação. Quando o circuito é ligado, a resistência dos dois termistores é calculada e a diferença entre esses dois valores é diretamente proporcional à Humidade Absoluta (AH).

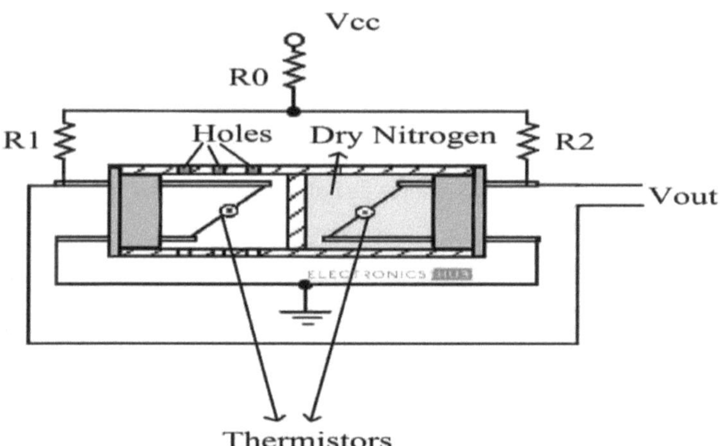

Figura 1.21: Circuito de ponte Humidade absoluta

Vantagens dos sensores de humidade de condutividade térmica

- Adequado para ambientes de alta temperatura e situações de alta corrosão.
- Muito durável
- Maior resolução em comparação com outros tipos

Desvantagem dos sensores de humidade de condutividade térmica

- A exposição a qualquer gás com propriedades térmicas diferentes das do azoto pode afetar a medição da leitura.

Aplicações dos sensores de humidade de condutividade térmica

Algumas das aplicações comuns dos sensores de humidade de condutividade térmica são:

- Fornos de secagem
- Plantas farmacêuticas
- Owens
- Secadores de roupa e máquinas de secar
- Desidratação de alimentos

1.12. Aplicações:

Algumas das áreas de aplicação importantes para a deteçao, medição e controlo da humidade são mencionadas a seguir.

Doméstica: É importante detetar e controlar a humidade nas nossas casas e escritórios, uma vez que condições de humidade mais elevadas afectam o fluxo sanguíneo. Outras áreas incluem a cozinha, a plantação em interiores, etc.

Industrial: Em indústrias como refinarias, química, metalúrgica ou outras indústrias onde são utilizados fornos, a humidade elevada reduz a quantidade de oxigénio no ar e, consequentemente, reduz a taxa de combustão. Outras indústrias, como as de transformação de alimentos, têxteis, papel, etc., também necessitam de controlo da humidade.

Agricultura: As técnicas de irrigação, como a irrigação por gotejamento, necessitam de um teor de humidade preciso para as plantas. Além disso, a humidade no solo desempenha um papel importante no crescimento adequado da planta. Outras áreas onde o controlo da humidade é necessário é a vegetação de interior.

Eletrónica e semicondutores: Quase todos os dispositivos electrónicos estão classificados com uma gama de valores de humidade em que funcionam como esperado. Geralmente, este valor será algo como 10% - 50% de humidade. As fábricas de semicondutores (fábricas de fabrico) devem manter valores de temperatura e humidade muito precisos, uma vez que uma diferença mínima pode ter um enorme impacto na produção.

Médico: O equipamento médico, como ventiladores, incubadoras, esterilizadores, etc., necessita de controlo da humidade. Também é utilizado em instalações farmacêuticas e processos biológicos.

Um sensor de caudal é um dispositivo utilizado para medir o caudal instantâneo ou a quantidade de um gás ou líquido que passa através de uma tubagem. Os medidores de caudal também são conhecidos por outros nomes, como medidor de caudal, indicador de caudal, medidor de líquidos, etc. Dependendo do sector em causa. Existem muitos tipos de sensores de caudal que estão a ser utilizados na indústria, de acordo com o seu design único. Abaixo estão alguns sensores, um deles.

Sensor de caudal de turbina: O medidor de caudal de turbina é uma opção económica se estiver à procura de um medidor de caudal digital para medição de fluidos. Possui um visor LCD integrado que indica a taxa de fluxo e o consumo total de fluido que passa pelo medidor de fluxo.

Sensor de caudal eletromagnético: O medidor de fluxo eletromagnético é um medidor de fluxo volumétrico sem obstrução, pois não há partes móveis. Portanto, a queda de pressão é insignificante. Seu desempenho é independente da densidade, viscosidade, temperatura e pressão do líquido em fluxo.

Sensor de fluxo de massa térmica: Os medidores de caudal térmico utilizam as propriedades térmicas do fluido para medir o caudal de um fluido que circula num tubo ou conduta. Numa função térmica típica, a quantidade de calor medida pelo TMFM é aplicada ao aquecedor do sensor. Este sensor de caudal é utilizado para gases e ar comprimido.

Um sensor de pressão é um dispositivo que detecta a pressão e a converte num sinal elétrico analógico cuja magnitude depende da pressão aplicada. Uma vez que convertem a pressão num sinal elétrico, são também designados por transdutores de pressão.

1.13 Necessidade de sensores de pressão

Desde há muito tempo que os sensores de pressão têm sido amplamente utilizados em domínios como o automóvel, a indústria transformadora, a aviação, as medições biomédicas, o ar condicionado, as medições hidráulicas, etc. Algumas áreas proeminentes onde a utilização de sensores de pressão é inevitável.

Dispositivos com ecrã tátil:

Os dispositivos informáticos e os telemóveis inteligentes com ecrãs tácteis possuem sensores de pressão. Sempre que é aplicada uma ligeira pressão no ecrã tátil através de um dedo ou de um estilete, o sensor determina onde foi aplicada e, em conformidade, gera um sinal elétrico que informa o processador. Normalmente, estes sensores estão localizados nos cantos do ecrã. Assim, quando a pressão é aplicada, normalmente dois ou mais desses sensores actuam para fornecer informações precisas sobre a localização do local.

b. Indústria automóvel:

Na indústria automóvel, os sensores de pressão são parte integrante do motor e da sua segurança. No motor, estes sensores monitorizam a pressão do óleo e do líquido de refrigeração e regulam a potência que o motor deve fornecer para atingir velocidades adequadas sempre que o acelerador é premido ou os travões são aplicados no automóvel.

Para efeitos de segurança, os sensores de pressão constituem uma parte importante do sistema de travagem antibloqueio (ABS). Este sistema adapta-se ao terreno da estrada e garante que, em caso de travagem a alta velocidade, os pneus não bloqueiam e o veículo não derrapa. Os sensores de pressão no ABS especificam o processador em função das condições da estrada e da velocidade a que o veículo se desloca.

Os sistemas de airbags também utilizam sensores de pressão para que os sacos sejam activados de modo a garantir a segurança dos passageiros sempre que o veículo sofre uma pressão elevada.

c. Instrumentação biomédica:

Em instrumentos como monitores digitais de tensão arterial e ventiladores, são necessários sensores de pressão para os otimizar de acordo com o estado de saúde do doente e as suas necessidades.

d. Usos industriais:

Os sensores de pressão são utilizados para monitorizar os gases e as suas pressões parciais em unidades industriais, de modo a que as grandes reacções químicas ocorram em condições ambientais controladas com precisão. Na indústria petrolífera, os sensores indicam a profundidade que a plataforma petrolífera atingiu durante a exploração.

e. Aviação:

Nos aviões, estes sensores são necessários para manter um equilíbrio entre a pressão atmosférica e os sistemas de controlo dos aviões. Isto não só protege os circuitos e vários componentes internos do avião, como também fornece dados exactos ao sistema sobre o ambiente externo. Além disso, é necessário manter níveis específicos de pressão atmosférica no cockpit e no átrio dos passageiros para proporcionar condições nominais de respiração semelhantes às do solo.

f. Indústria naval:

Para navios e submarinos, os sensores de pressão são necessários para estimar a profundidade a que estão a operar e para detalhar as condições marinhas, de modo a que os sistemas electrónicos possam permanecer seguros. Os requisitos de oxigénio dos projectos subaquáticos são também regulados pelos sensores de pressão.

1.14 Tipos de medições de pressão

A medição da pressão pode ser relativa a um valor de referência ou numa escala absoluta.

a. Medição da pressão absoluta:

A pressão medida em relação ao vácuo perfeito é designada por pressão absoluta. O vácuo perfeito é uma condição em que não há matéria presente na atmosfera e, por conseguinte, não existe qualquer pressão atmosférica nessa região. Os sensores de pressão absoluta têm uma utilização limitada porque é impossível atingir um estado de vácuo perfeito. Por conseguinte, os sensores baseados na medição da pressão absoluta requerem especificações rigorosas para obter resultados precisos. Os sensores baseados neste tipo de medição são utilizados em medições de pressão barométrica ou relacionada com a altitude.

b. Medição da pressão diferencial:

Na medição da pressão diferencial, as pressões de duas posições distintas são comparadas. Por exemplo, a diferença de pressão calculada através da medição em diferentes pisos de um edifício alto dá-nos a pressão diferencial. As medições de pressão diferencial, normalmente efectuadas em libras por polegada quadrada diferencial (psid), são aplicadas quando se pretende medir uma grande quantidade de pressão. Estes tipos de medições são utilizados para fins de monitorização da pressão de alimentação, em que a pressão com que o fluido circula num meio é monitorizada, de modo a manter a homogeneidade do fluxo.

As medições de pressão diferencial têm uma aplicação importante na monitorização de filtros em vários tipos de sistemas de purificação. Tomam como referência a pressão normal com que os filtros limpam o fluido. Sempre que os filtros enfrentam o problema de entupimento devido a contaminantes, estes sensores de pressão fornecem uma leitura relativa à pressão normal. Isto ajuda a manter o filtro limpo e operacional.

c. Medição da pressão manométrica:

Pode ser definida como um subtipo de medição da pressão diferencial em que comparamos a pressão em qualquer ponto com a pressão atmosférica atual. A medição da pressão manométrica é utilizada em aplicações como a medição da pressão dos pneus ou da pressão sanguínea. Não há consistência nas medições da pressão manométrica porque a pressão atmosférica varia com a altitude e, por isso, as suas aplicações estão limitadas a medições não críticas.

As medições de pressão podem ser efectuadas para determinar uma gama de valores diferentes, dependendo de a pressão ser relativa à atmosfera, às condições de vácuo ou a outros factores de medição. **Os sensores de pressão** são instrumentos que podem ser concebidos e configurados para detetar a pressão através destas variáveis. Os sensores de pressão absoluta destinam-se a medir a pressão relativa a um vácuo e são concebidos com um vácuo de referência incluído no próprio sensor. Estes sensores também podem medir a pressão atmosférica. Do mesmo modo, um sensor de pressão manométrica detecta valores relativos à pressão atmosférica, e parte do dispositivo está normalmente exposta às condições ambientais. Este dispositivo pode ser utilizado para medir a pressão arterial.

Um aspeto importante dos processos de deteção de pressão industrial envolve comparações entre múltiplos factores de pressão. **Os sensores de pressão diferencial** são utilizados para estas aplicações, que podem ser um desafio devido à presença de pelo menos duas pressões diferentes numa única estrutura mecânica. Os sensores de pressão diferencial são de conceção relativamente complexa porque são frequentemente necessários para medir diferenciais de pressão minúsculos em pressões estáticas maiores. Os princípios de transdução e deteção de pressão mecânica são comuns à maioria das unidades de deteção de pressão padrão, independentemente da sua categorização como instrumentos de pressão diferencial, absoluta ou manométrica.

d. Sensores de barómetro aneroide

Um dispositivo de barómetro aneroide é composto por um invólucro metálico oco com superfícies flexíveis na parte superior e inferior. As alterações da pressão atmosférica fazem com que este invólucro metálico mude de forma, com alavancas mecânicas que aumentam a deformação de modo a fornecer resultados mais visíveis. O nível de deformação também pode ser melhorado fabricando o sensor numa conceção de fole. As alavancas estão normalmente ligadas a um mostrador que traduz a deformação pressurizada em medições à escala ou a um barógrafo que regista a alteração da pressão ao longo do tempo. Os sensores do barómetro aneroide são compactos e duráveis, não utilizando líquido nas suas operações. No entanto, a massa do elemento de deteção limita a taxa de resposta do dispositivo, tornando-o menos eficaz para projectos de deteção de pressão dinâmica.

e. Sensores de manómetro

Um manómetro oferece uma estrutura de conceção relativamente simples e um nível de precisão superior ao proporcionado pela maioria dos barómetros aneróides. Efectua medições através do registo do efeito da pressão sobre uma coluna de líquido. A forma mais comum de manómetro é o modelo em forma de U, no qual a pressão é aplicada a um lado de um tubo, deslocando o líquido e provocando uma descida no nível do fluido numa extremidade e uma subida correlacionada na outra. O nível de pressão é indicado pela diferença de altura entre as duas extremidades do tubo, e a medição é efectuada de acordo com uma escala incorporada no dispositivo.

A precisão de uma leitura pode ser aumentada inclinando uma das pernas do manómetro. Também pode ser ligado um reservatório de fluido para tornar insignificantes as diminuições de altura numa das pernas. Os manómetros podem ser eficazes como sensores manométricos se uma perna do tubo em forma de U for expelida para a atmosfera, e podem funcionar como sensores diferenciais quando a pressão é aplicada a ambas as pernas. No entanto, só são eficazes dentro de um intervalo de pressão específico e, tal como os barómetros aneróides, têm uma taxa de resposta lenta que é inadequada para a deteção de pressão dinâmica.

f. Tubos Bourdon

Embora funcionem de acordo com os mesmos princípios essenciais que os barómetros aneróides, os tubos de Bourdon utilizam um elemento sensor helicoidal ou em forma de C em vez de uma cápsula oca. Uma extremidade do tubo de Bourdon é fixada em ligação com a pressão, enquanto a outra extremidade é fechada. Cada tubo tem uma secção transversal elíptica que faz com que o tubo se endireite à medida que é aplicada mais pressão. O instrumento continuará a endireitar-se até que a pressão do fluido seja igualada pela resistência elástica do tubo. Por este motivo, diferentes materiais de tubos estão associados a diferentes gamas de pressão. Um conjunto de engrenagens está ligado à extremidade fechada do tubo e move um ponteiro ao longo de um mostrador graduado para fornecer leituras. Os dispositivos de tubo Bourdon são normalmente utilizados como sensores de pressão manométrica e como sensores diferenciais quando dois tubos estão ligados a um único ponteiro. Geralmente, o tubo helicoidal é mais compacto e oferece um desempenho mais fiável do que o elemento de deteção em forma de C.

g. Sensores de vácuo

A pressão de vácuo está abaixo dos níveis de pressão atmosférica e pode ser difícil de detetar através de métodos mecânicos. Os sensores Pirani são normalmente utilizados para medições na gama de baixo vácuo. Estes sensores dependem de um fio aquecido com resistência eléctrica correlacionada com a temperatura. Quando a pressão de vácuo aumenta, a convecção é reduzida e a temperatura do fio aumenta. A resistência eléctrica aumenta proporcionalmente e é calibrada em relação à pressão, de modo a fornecer uma medição eficaz do vácuo.

Os sensores de iões ou de cátodo frio são normalmente utilizados para aplicações em gamas de vácuo mais elevadas. Estes instrumentos dependem de um filamento que gera emissões de electrões. Os electrões passam para uma grelha onde podem colidir com moléculas de gás, provocando assim a sua ionização. Um dispositivo de recolha de carga atrai os iões carregados, e o número de iões que acumula corresponde diretamente à quantidade de moléculas no vácuo, fornecendo assim uma leitura precisa da pressão de vácuo.

Os sensores de pressão incluem todos os sensores, transdutores e elementos que produzem um sinal elétrico proporcional à pressão ou a alterações na pressão. O dispositivo lê as alterações de pressão e, em seguida, transmite esses dados a registadores, controladores ou interruptores. Existem vários tipos de dispositivos sensores de pressão.

Sensores -- Os sensores de pressão convertem uma pressão medida num sinal elétrico de saída. São normalmente dispositivos simples que não incluem um visor ou uma interface de utilizador. **Os elementos** são as partes de um instrumento de pressão que são movidas ou temporariamente deformadas pelo gás ou líquido do sistema ao qual o medidor está ligado. Estes elementos incluem o tubo de Bourdon, que é um tubo selado que se deforma em resposta à pressão aplicada, bem como foles, elementos de cápsula e elementos de diafragma.

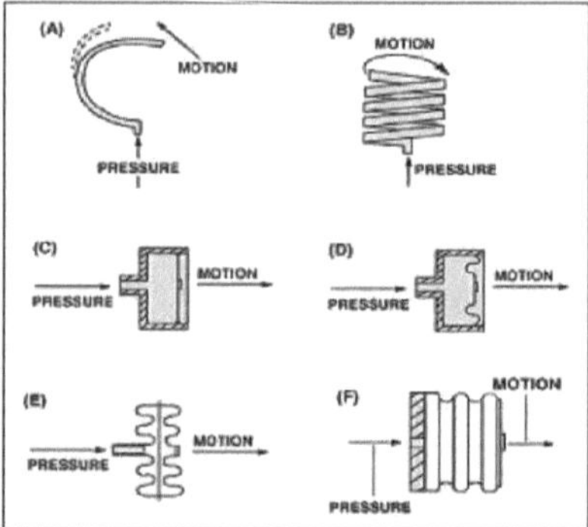

Figura 1.25: O elemento básico de deteção de pressão pode ser configurado como um tubo de Bourdon em forma de C (A); um tubo de Bourdon helicoidal (B); um

diafragma plano (C); um diafragma convoluto (D); uma cápsula (E); ou um conjunto de foles (F).

1.14.1 Transdutores:

Os transdutores de pressão são dispositivos de deteção de pressão. Convertem uma pressão aplicada num sinal elétrico. O sinal de saída é gerado pelo elemento sensor primário e o dispositivo mantém as caraterísticas naturais da tecnologia de deteção. Um transdutor é também um sensor, mas um transdutor converte sempre o sinal de pressão não elétrico num sinal elétrico. Por conseguinte, um transdutor é sempre um sensor, mas um sensor nem sempre é um transdutor. Na indústria, os termos são frequentemente trocados. Existem vários tipos de transdutores, incluindo:

Medidor de tensão

Película espessa

Película fina

Medidor de tensão de semicondutores

Tecnologia de sensores Existem inúmeras tecnologias através das quais os transdutores e sensores de pressão funcionam. Algumas das tecnologias mais amplamente utilizadas incluem as seguintes.

A tecnologia de pistão utiliza um pistão/cilindro selado para medir as alterações de pressão.

A deflexão mecânica utiliza um elemento elástico ou flexível para se deflectir mecanicamente com uma alteração da pressão, por exemplo, um diafragma, um tubo de Bourdon ou um fole.

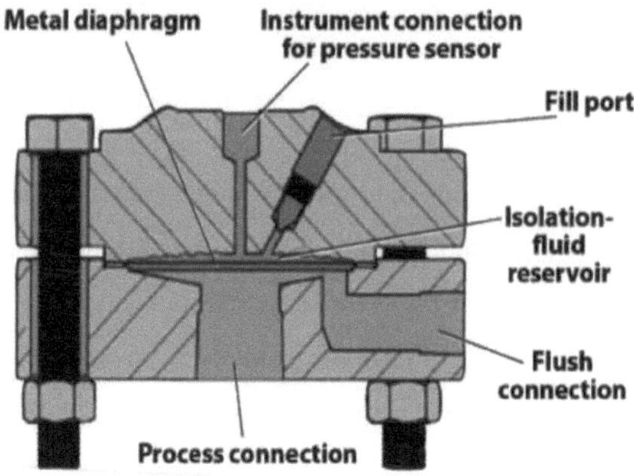

Figura 1.25: Sensor de pressão de membrana

1.14.2 Sensores de pressão piezoeléctricos

Os sensores de pressão piezoeléctricos medem pressões dinâmicas e quase estáticas. Os transdutores bidireccionais consistem em quartzo metalizado ou materiais cerâmicos que possuem propriedades eléctricas naturais. São capazes de converter a tensão num potencial elétrico e vice-versa. Os modos comuns de funcionamento são o modo de carga, que gera uma saída de carga de alta impedância, e o modo de tensão, que utiliza um amplificador para converter a carga de alta impedância numa tensão de saída de baixa impedância. Os sensores só podem ser utilizados para pressões variáveis. São muito robustos, mas requerem circuitos de amplificação que podem ser susceptíveis a choques e vibrações.

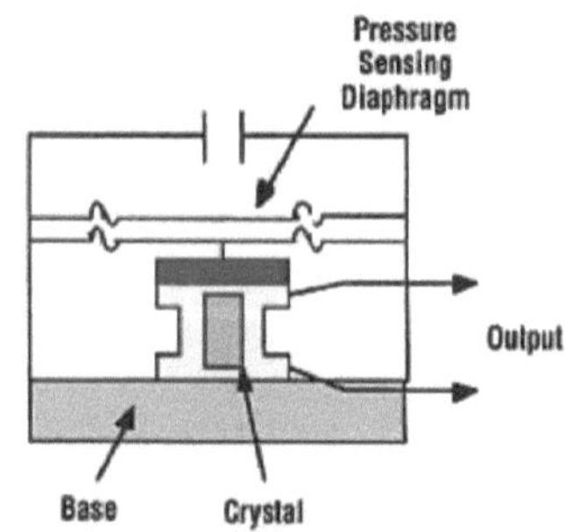

Figura 1.26: Transdutor de pressão piezoelétrico

Os sistemas microelectromecânicos (MEMS) são normalmente micro sistemas fabricados por microusinagem de superfícies de silício para utilização em sistemas industriais ou biológicos muito pequenos.

Os elementos vibratórios (ressonância de silício) utilizam uma tecnologia de elementos vibratórios, como a ressonância de silício.

Os instrumentos de pressão **de capacitância variável** utilizam a mudança de capacitância resultante do movimento de um elemento de diafragma para medir a pressão. Dependendo do tipo de pressão, o transdutor capacitivo pode ser um transdutor de pressão absoluta, manométrica ou diferencial. O dispositivo utiliza um diafragma fino como uma placa de um condensador. A pressão aplicada faz com que o diafragma se desvie e a capacitância se altere. A deflexão do diafragma provoca uma alteração na capacitância que é detectada por um circuito em ponte.

Sugestão de projeto: A eletrónica para o condicionamento do sinal deve estar localizada perto do elemento sensor para evitar erros devidos à capacitância dispersa.

A capacitância de duas placas paralelas é dada pela seguinte equação:

$$C = \mu A/d$$

Onde: μ = constante dieléctrica do material entre as placas

A = área das placas espaçamento entre as placas. Estes transdutores de pressão são geralmente muito estáveis, lineares e precisos, mas são sensíveis a temperaturas elevadas e são mais complicados de configurar do que a maioria dos sensores de pressão. Os sensores capacitivos de pressão absoluta com vácuo entre as placas são ideais para evitar erros, mantendo constante a constante dieléctrica do material.

Os extensómetros (resistências variáveis sensíveis à tensão) são ligados a partes da estrutura que se deformam à medida que a pressão muda. Normalmente, são utilizados quatro strain gages em série num circuito de ponte de Wheatstone, que é utilizado para efetuar a medição. Quando a tensão é aplicada a dois cantos opostos da ponte, desenvolve-se um sinal elétrico de saída proporcional à pressão aplicada. O sinal de saída é recolhido nos restantes dois cantos da ponte. Os extensómetros são robustos, precisos e estáveis, podendo funcionar em ambientes de choque e vibração severos, bem como numa variedade de meios de pressão. Os transdutores de pressão de strain gauge existem em diversas variedades: o strain gauge ligado, o strain gauge pulverizado e o strain gauge semicondutor

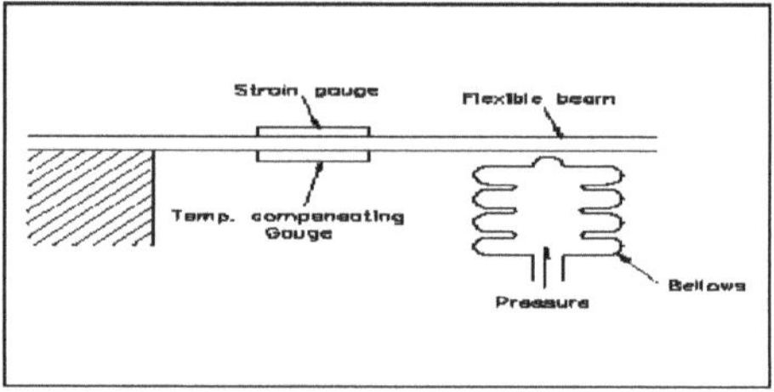

Figura 1.27: Transdutor de pressão com extensómetro

Os sensores piezo-resistivos de semicondutores baseiam-se na tecnologia de semicondutores. A alteração da resistência não se deve apenas a uma alteração do comprimento e da largura (como acontece com o strain gage), mas a uma deslocação das cargas eléctricas no interior da resistência. Existem quatro resistências piezoeléctricas na área do diagrama do sensor ligadas a uma ponte de elementos. Quando o diafragma é deflectido, duas resistências são sujeitas a tensão tangencial e duas a tensão radial. A saída é descrita pela seguinte equação:

Vout/ Vcc = ΔR/ROnde:Vcc = tensão de alimentaçãoR = resistência de base do piezoresistorΔR = varia com a pressão aplicada e é tipicamente ~ 2,5% do R total.

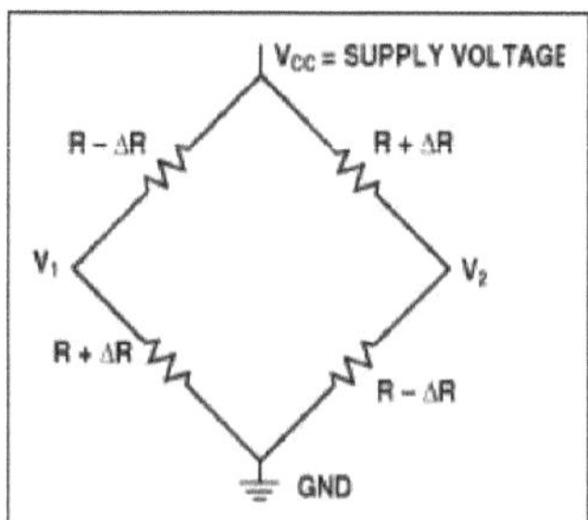

Figura 1.28: As resistências de pressão piezo-resistivas incorporam quatro resistências no diafragma.

O desempenho do sensor baseia-se em vários factores intrínsecos ao sistema em que o sensor será utilizado. Estes incluem a pressão máxima, a referência de pressão, as unidades de engenharia, a exatidão necessária e as condições de pressão. Entradas de dois ou mais níveis de pressão. O sensor deve ter duas portas de pressão separadas; a maior das duas pressões é aplicada através da porta alta e a menor através da porta baixa. É normalmente medida em unidades de libras por polegada quadrada. Um exemplo de um sensor de pressão diferencial são os monitores de filtro; quando o filtro começa a ficar obstruído, a resistência do fluxo e, por conseguinte, a queda de pressão através do filtro aumentam.

Pressão máxima

A pressão estática é definida como $P = F/A$; onde P é a pressão, F é a força aplicada e A é a área de aplicação. Esta equação pode ser utilizada em líquidos e gases que não estão a fluir. A pressão em fluidos em movimento pode ser calculada utilizando a equação $P1 = pVO2/2$; em que p é a densidade do fluido e VO é a velocidade do fluido. A pressão de impacto é a pressão que um fluido em movimento exerce paralelamente à direção do fluxo. A pressão dinâmica mede aplicações mais "reais".

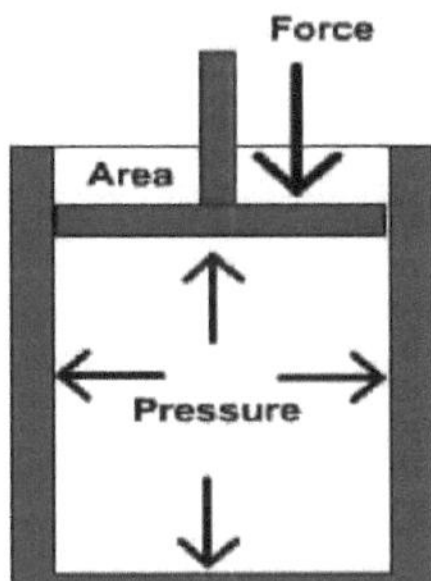

Figura 1.29: A pressão está em todas as direcções num fluido.

A gama de pressão máxima é a pressão máxima admissível à qual um sistema ou equipamento foi concebido para funcionar em segurança. Os extremos deste intervalo devem ser determinados de acordo com o intervalo de pressão previsto para o funcionamento do dispositivo. É prática comum que este valor não exceda 75% da gama nominal máxima do dispositivo. Por exemplo: se o dispositivo tiver uma gama nominal máxima de 100 psi, então a gama de trabalho não deve exceder 75 psi.

Referência de pressão

Os sensores de pressão absoluta medem a pressão de um sistema relativamente a um vácuo perfeito. Estes sensores incorporam elementos de deteção que são completamente evacuados e selados; a porta de alta pressão não está presente e a pressão de entrada é aplicada através da porta baixa. A medição é efectuada em libras por polegada quadrada absoluta.

A pressão diferencial é medida através da leitura da diferença entre os **sensores bidireccionais** são capazes de medir diferenças de pressão positivas e negativas, ou seja, p1>p2 e p1<p2. Os sensores unidireccionais só funcionam na gama positiva, ou seja, p1>p2 e a pressão mais elevada tem de ser aplicada à porta de pressão definida como "alta pressão".

Os sensores manométricos são o tipo mais comum de sensores de pressão. A pressão é medida em relação à pressão ambiente, que é a pressão atmosférica num determinado local. A pressão atmosférica média ao nível do mar é de 1013,25 mbar, mas as alterações climáticas e de altitude influenciam diretamente a saída do sensor de pressão. Neste dispositivo, a pressão de entrada é efectuada através da porta alta e a pressão ambiente é aplicada através da porta baixa aberta.

Os sensores de vácuo medem a pressão mais baixa do que a pressão atmosférica localizada. Os sensores de vácuo estão divididos em diferentes gamas de vácuo baixo, alto e ultra-alto. **Os sensores selados** medem a pressão relativa a uma atmosfera ao nível do mar (14,7 PSI), independentemente da pressão atmosférica local. O mesmo sensor pode ser utilizado para os três tipos de medição de pressão; apenas as referências diferem.

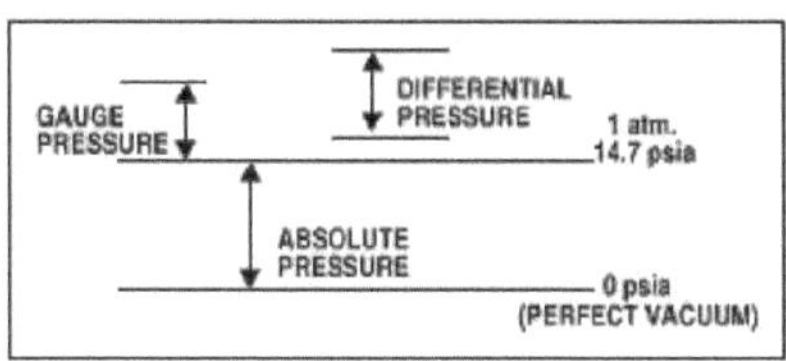

Figura 1.30: Sensores de medição selados

Exatidão

A exatidão é definida como a diferença (erro) entre o valor real e o valor indicado, expressou em percentagem do intervalo. Inclui os desvios combinados resultantes do método, do observador, do aparelho e do ambiente. A exatidão é observada em três áreas diferentes: estática, térmica e total.

A precisão estática é o efeito combinado da linearidade, histerese e repetibilidade. É expressa como +/- percentagem da saída da escala completa. A banda de erro estático é uma boa medida da precisão que pode ser esperada a uma temperatura constante.

A linearidade é o desvio de uma curva de calibração em relação a uma linha reta especificada. Uma forma de medir a linearidade é utilizar o método dos mínimos quadrados, que fornece uma reta de melhor ajuste. A melhor linha reta (BSL) é uma linha entre duas linhas paralelas que englobam todos os valores de saída vs. pressão na curva de calibração.

A histerese é a diferença máxima na saída a qualquer pressão dentro da gama especificada, quando o valor é aproximado primeiro com o aumento e depois com a diminuição da pressão. A histerese das temperaturas é a capacidade do sensor de fornecer a mesma saída a uma dada temperatura antes e depois de um ciclo de temperatura.

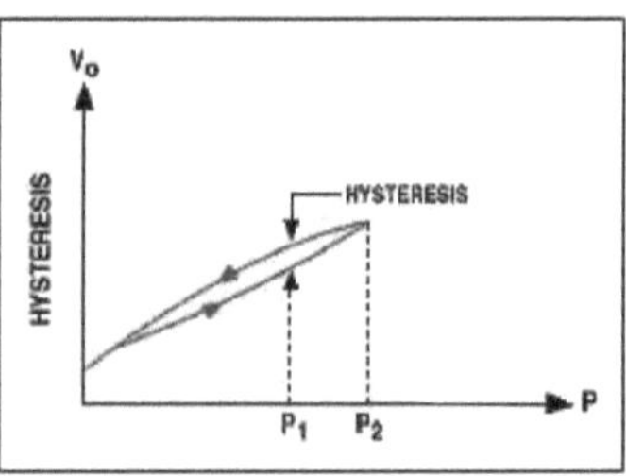

Figura 1.31: A histerese é a capacidade de um sensor dar a mesma saída a uma determinada temperatura antes e depois de um ciclo de temperatura.

A repetibilidade é a capacidade de um transdutor reproduzir as leituras de saída quando a mesma pressão é aplicada ao transdutor repetidamente, sob as mesmas condições e na mesma direção.

A precisão térmica observa a forma como a temperatura afecta a saída. É expressa como uma percentagem da saída da escala completa ou como uma percentagem da escala completa por grau Celsius, grau Fahrenheit ou Kelvin.

Condições de pressão

Os compradores industriais devem considerar as condições de pressão a que o sensor será exposto e colocar as seguintes questões.

Sobrepressão - A pressão alguma vez excederá a pressão máxima? Em caso afirmativo, em quanto?

Pressão de rutura - O limite de segurança projetado que não deve ser excedido. São necessários dispositivos de segurança adicionais?

Carga dinâmica - As cargas dinâmicas podem exceder as cargas estáticas previstas. O sistema está a sofrer uma carga de pressão dinâmica?

Carga de fadiga - O sistema irá registar taxas de ciclo elevadas?

Gama de vácuo - O intervalo de pressões desde a pressão de vácuo mais baixa até à pressão de vácuo mais elevada (por exemplo, de 0 a 30 polegadas de mercúrio VAC).

Considerações mecânicas

As condições mecânicas do dispositivo determinam a forma como o sensor funciona no sistema. Devem ser tidos em conta os condicionalismos físicos do sistema, o suporte em que o sensor será incorporado, os conectores do processo e as configurações do sistema e do sensor.

As restrições físicas dependem do sistema em que o sensor será incorporado e devem ser consideradas ao selecionar um sensor de pressão.

Tamanho, orientação, localização Compreender o **meio** do sistema é fundamental quando se seleciona um sensor de pressão. Os ambientes do meio para o sensor podem incluir: **O hidrogénio e os gases** são muito compressíveis e enchem completamente qualquer recipiente fechado onde se encontrem.

Os líquidos e gases abrasivos ou corrosivos incluem o sulfureto de hidrogénio, o ácido clorídrico, a lixívia, os brometos e as águas residuais. Os sensores de pressão fabricados em Inconel X, bronze fosforoso, cobre berílio ou aço inoxidável são os materiais mais resistentes à corrosão a utilizar no sensor. No entanto, estes materiais requerem uma compensação interna de temperatura, sob a forma de um membro bimetálico, para compensar a alteração na deflexão do sensor resultante de uma alteração de temperatura.

Os sistemas biológicos radioactivos devem incluir sensores altamente sensíveis que possuam mecanismos à prova de explosão. A **temperatura** do meio também deve ser considerada ao selecionar um sensor de pressão para garantir que o sensor pode funcionar na gama do sistema.

A **porta de pressão** e as opções **de ligação ao processo** têm geralmente opções macho e fêmea e a ligação padrão depende da aplicação.

British Standard Pipe (BSP) -- Conectores de pressão de grande diâmetro necessários para gamas de pressão mais baixas

National Pipe Thread (NPT) -- Comummente utilizado nas indústrias automóvel e aeroespacial

Rosca fina unificada (UNF) -- Comummente utilizada nas indústrias automóvel e aeroespacial

Roscas métricas -- Cumprem as especificações ISO. São indicadas com um M e um número que corresponde ao diâmetro exterior em milímetros.

Conectores embutidos - Utilizados para proporcionar uma interface sem fendas, ideal para aplicações de biotecnologia, farmacêuticas ou de processos alimentares.

Padrão de tubo diário -- Utilizado com transmissores de pressão higiénicos.

Engenheiros de autoclave -- Utilizados em aplicações de alta pressão.

Configuração

As considerações mecânicas incluem várias configurações de dispositivos orientadas para a aplicação.

Os sistemas diferenciais medem a diferença de pressão entre dois pontos. Os sistemas de caudal de pequeno diâmetro permitem a medição do caudal de líquido ou gás à medida que este se desloca através do sistema. As membranas com descarga medem a pressão em sistemas que têm membranas expostas completamente com descarga ou semi-lavadas para evitar a acumulação de material na membrana e facilitar a limpeza. Os sensores de membrana exposta são úteis para medir fluidos viscosos ou meios que são processados num ambiente limpo. As membranas substituíveis são facilmente substituíveis dentro do sistema para garantir uma elevada precisão. A contenção secundária aloja o sensor para proteger o dispositivo das condições ambientais. Os sensores à prova de explosão são utilizados em condições perigosas.

Especificações eléctricas

É extremamente importante ter em conta os componentes eléctricos do sensor de pressão, que são específicos da aplicação em que o sensor será utilizado. Estas especificações incluem a saída eléctrica, o visor, as ligações, o condicionamento do sinal e as caraterísticas eléctricas.

Saída eléctrica

Os compradores industriais devem ter em conta a potência eléctrica necessária para uma integração perfeita no controlador do sistema.

Analógico -- A tensão de saída é uma função simples (normalmente linear) da medição. **Os sensores de pressão** têm geralmente uma saída de mV/V. A maioria dos sensores funciona com uma alimentação não regulada de 10 V a 32 V. O dispositivo terá também reguladores internos para fornecer uma entrada estabilizada ao circuito eletrónico sob tensões de alimentação variáveis.

Os sensores industriais podem ter saídas de tensão de alto nível de 0-5 VDC e 0-10 VDC. O sinal de saída perderá a sua amplitude e precisão devido à resistência do cabo ao transmitir tensões entre alguns centímetros e 30 pés, dependendo do nível.

Sugestão de conceção: Um sinal de saída baseado em zero, como 0-5VDC, não oferece feedback constante a pressão zero porque o controlador não sabe se o sistema está a funcionar ou se existe um problema.

A resposta em frequência identifica a frequência mais elevada que o sensor medirá sem distorção ou atenuação. A resposta em frequência do sensor deve ser 5-10 vezes a componente de frequência mais elevada do sinal de pressão. Por vezes, esta caraterística é apresentada como tempo de resposta. A relação é a seguinte:

FB = ^ nr Em que,

FB = frequência em que a resposta é reduzida em 50%T = constante de tempo em que a saída sobe para 63% do seu valor final após uma alteração da entrada em degrau. Considerações ambientais O ambiente em que o sensor irá funcionar deve ser considerado ao selecionar um sensor de pressão. Considerações ambientais como a temperatura, a utilização em interiores/exteriores e a utilização em locais perigosos podem afetar a precisão do sensor. Temperatura As alterações de temperatura estão diretamente relacionadas com as alterações de pressão.

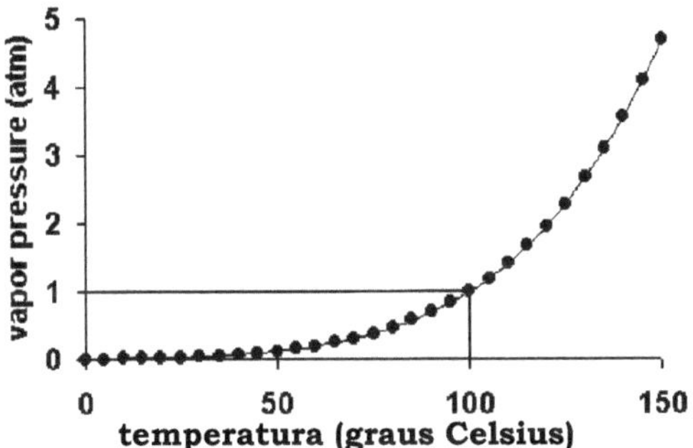

Figura 1.32: Gráfico da pressão de vapor da água em função da temperatura da água

É importante ter em conta **a temperatura de funcionamento**. Os compradores devem estar cientes das temperaturas ambiente e do meio no ambiente do sensor. Se o sensor não for compensado corretamente, a leitura pode mudar drasticamente.

Os dispositivos de compensação de temperatura incluem factores incorporados que evitam erros de medição da pressão devido a alterações de temperatura. Um material como uma liga de níquel, denominada Ni Span "C", não necessita de compensação de temperatura interna porque é relativamente insensível à temperatura.

As interferências electromagnéticas e de radiofrequência (EMI/RFI) foram identificadas como condições ambientais que afectam o desempenho do equipamento elétrico relacionado com a segurança.

É necessária a classificação de proteção de ingresso ou da National Electrical Manufacturing Association. A proteção IP é utilizada na Europa e segue três parâmetros: protege o equipamento, protege as pessoas e protege o equipamento contra a penetração de água com efeitos nocivos. A IP não especifica graus de proteção contra danos mecânicos, explosões, humidade, vapores corrosivos ou parasitas. A norma NEMA para os ambientes que rodeiam o equipamento elétrico testa condições ambientais como a corrosão, a ferrugem, o gelo, o óleo e os líquidos de refrigeração.

1.15 Aplicações

Industrial

Nível de fluido num tanque -- Um sensor de pressão manométrica pode ser utilizado para medir a pressão no fundo de um tanque. O nível do fluido pode ser calculado utilizando a relação:

h = P/pg

Onde, h= profundidade abaixo da superfície da água P= pressão p= densidade da
água g= aceleração da gravidade

Fluxo de fluido -- A colocação de uma placa de orifício numa secção de tubo resulta numa queda de pressão que pode ser utilizada para medir o fluxo. Este método é normalmente utilizado porque não causa entupimento e a queda de pressão é pequena em comparação com muitos outros medidores de caudal.

A relação é:

V0 =√2 (Ps-P0)/p

Nalguns casos, as pressões diferenciais de apenas alguns centímetros de água são medidas na presença de pressões de modo comum de milhares de libras por polegada quadrada. Automóvel **Pressão absoluta do coletor (MAP) --** Muitos sistemas de controlo do motor utilizam a abordagem velocidade-densidade para a medição do caudal mássico do ar de admissão. O caudal mássico tem de ser conhecido para que possa ser injectada a quantidade ideal de combustível.

Pressão do óleo do motor - A lubrificação do motor requer pressões de 10-15 psig.

Deteção de fugas no sistema de purga evaporativa -- Para reduzir as emissões, os sistemas de combustível modernos não são ventilados para a atmosfera. Isto significa que os fumos resultantes das alterações de pressão induzidas pela temperatura no depósito de combustível são capturados num recipiente de carbono e posteriormente reciclados através do motor.

Pressão dos pneus -- O recente desenvolvimento do pneu "run-flat" levou ao desenvolvimento de um sistema remoto de medição da pressão dos pneus.

Medição do nível do depósito.

Deteção de altitude.

Verificação da pressão.

Diferencial.

1.16 Solução proposta

A automatização tem um maior impacto numa vasta gama de aplicações industriais. A automatização industrial é a utilização de sistemas de controlo, como microprocessadores, microcontroladores, computadores pessoais, etc., para controlar máquinas e processos industriais, reduzindo a necessidade de intervenção humana. Reduz também significativamente a necessidade de requisitos sensoriais e mentais humanos. Os processos e sistemas também podem ser automatizados. A automatização desempenha um papel cada vez mais importante na economia global e na experiência quotidiana. Em muitos casos, a utilização de seres humanos é mais económica do que as abordagens mecânicas, mesmo quando é possível a automatização de tarefas industriais. Os controladores lógicos programáveis (PLC) e os microcontroladores são frequentemente utilizados para sincronizar o fluxo de entradas de sensores e eventos com o fluxo de saídas para actuadores e eventos. Isto conduz a acções controladas com precisão que permitem um controlo rigoroso de quase todos os processos industriais. As Interfaces Homem-Máquina (HMI) ou Interfaces Homem-Computador (CHI), anteriormente conhecidas como Interfaces

Homem-Máquina (MMI), são normalmente utilizadas para comunicar com os processadores, por exemplo, para introduzir e monitorizar temperaturas para posterior controlo automático ou resposta a emergências.

Nos últimos anos, a automação industrial e os sistemas de controlo são partes integrantes de uma indústria. Extrapolar a história da automação para o futuro é um desafio interessante. Atualmente, o crescimento provém da expansão global e dos serviços. Uma nova vaga de crescimento virá através de novas tecnologias, produção ao mais baixo custo para distribuição global e rápida colocação no mercado.

A gestão do risco é essencial antes da implementação de qualquer modificação e a utilização de técnicas desconhecidas incorre indubitavelmente num risco mais elevado; por conseguinte, a tendência habitual é utilizar todos os conhecimentos existentes e as caraterísticas de conceção do sistema de controlo empregam geralmente técnicas estabelecidas. Fornecer uma solução adequada e económica dentro das elevadas expectativas do cliente, utilizando os recursos existentes, não permite facilmente a implementação de novas técnicas sem incorrer em riscos significativos. Quaisquer técnicas avançadas exigiriam alguma forma de aquisição de tecnologia programada para demonstrar que o nível de compreensão exigido foi obtido. Além disso, têm de ser cuidadosamente avaliadas, submetendo-as a um rigoroso processo de validação e verificação. É de notar que os custos incorridos não são necessariamente os da procura da solução, mas também o tempo necessário para a implementar, uma vez que as penalizações pelo incumprimento das garantias de disponibilidade comercial podem ser extremamente elevadas.

A área onde existe um benefício imediato da aplicação de técnicas de controlo avançadas com menor risco é uma ferramenta de análise de dados inteligente. Estas podem ser utilizadas para ajudar a compreender outros problemas e prever quando ocorrem alterações, a partir das quais se pode trabalhar numa solução antes que a falha ocorra. Além disso, o acesso remoto às instalações para obter dados e monitorizar os sistemas de controlo é essencial para resolver este problema.

Recentemente, tem havido um grande interesse na monitorização e controlo remotos dos parâmetros do processo no domínio da automação industrial.

Atualmente, esta monitorização e controlo são efectuados através da utilização de sistemas SCADA, que apenas permitem o controlo e a supervisão quando o operador e a instalação que está a ser observada se encontram nas mesmas imediações. Isto levou ao aparecimento dos sistemas de monitorização e controlo remoto sem fios. Esta contribuição desenvolve os métodos de conceção sistemática para a conceção e implementação do Sistema de Monitorização e Controlo Remotos (RMACS) através da comunicação Ethernet. Este é o principal objetivo e foco do presente trabalho de investigação.

O RMACS é um sistema de monitorização e controlo em linha e em tempo real do equipamento de campo, que transmite os dados em tempo real para o terminal para previsão ou diagnóstico, o que constitui um método eficaz para obter, analisar, transmitir, gerir e dar feedback sobre a informação remota.

No presente trabalho de investigação, é proposto um desenvolvimento RMACS para monitorizar, controlar e aceder aos parâmetros industriais situados remotamente, nomeadamente a temperatura, a humidade e a pressão, em tempo real, utilizando as comunicações Ethernet. O principal objetivo do presente trabalho é explorar a viabilidade da Ethernet como meio de comunicação dos sinais de controlo. A implementação do sistema proposto resolve o problema da monitorização contínua do sistema de aquisição de dados utilizando esquemas de comunicação económicos.

Um dos principais beneficiários deste trabalho de investigação poderá ser o domínio da automação e do controlo industriais, que deverá ajudar a utilizar a combinação de um processador Embedded Rabbit e de um módulo de comunicação Ethernet ligado por uma porta de comunicações Ethernet. Utilizando o RMACS proposto, os parâmetros do processo podem ser registados de forma eficiente a partir de um local remoto e, sempre que esses parâmetros ultrapassem o ponto de regulação, o sistema enviará um alerta para o sistema de controlo. O sistema de controlo permite a realização de uma verdadeira monitorização, controlo e outras aplicações de processos industriais, bem como de segurança e proteção.

Foi observado que a conceção do RMACS pode reduzir significativamente a necessidade de requisitos sensoriais e mentais humanos. No entanto, a maior parte dos trabalhos anteriores foram realizados em SCADA, estes sistemas só permitem o controlo e a supervisão quando o operador e a instalação que está a ser observada se encontram na mesma vizinhança geral.

Na maioria dos trabalhos análogos pesquisados até ao momento, observa-se que a utilização de processadores RABBIT tem sido muito pouco utilizada. No entanto, neste trabalho, um processador RCM3700, um membro da família do processador RABBIT, é utilizado para o projeto do RMACS. A relativa simplicidade dos processadores RABBIT tornou-os adequados para aplicações de baixo consumo. Tornaram-se dominantes no mercado da Ethernet e da eletrónica incorporada a um custo relativamente baixo. O RCM3700 é ideal para aplicações em que a miniaturização é um requisito fundamental, como o controlo de acesso. Uma combinação de interfaces de comunicações em série que vão desde um dispositivo USB 2.0 de velocidade total, múltiplas UART, SPI, SSP a 1^2 Cs e SRAN na pastilha de 8KB até 40KB tornam estes dispositivos muito adequados para gateways de comunicação e conversores de protocolos, tanto a grande dimensão da memória intermédia como os pinos de interrupção externa de elevada capacidade de processamento tornam estes processadores particularmente adequados para sistemas de controlo industrial e médicos.

1.17 Objetivo e metodologia do presente trabalho

Neste contexto, foi proposto e desenvolvido um protótipo integrado de sistema de monitorização e controlo remoto. Foi discutido o requisito básico de monitorização e controlo dos parâmetros do processo industrial em tempo real. Do ponto de vista económico e da rapidez de implementação, a utilização de uma rede de comunicações existente, em vez da implementação de uma infraestrutura inteiramente nova, é uma escolha óbvia.

O procedimento de medição de parâmetros como a temperatura, a humidade e a pressão é explorado nesta tese. Os pormenores do sensor e da sua interface com o processador rabbit também são explicados de forma elaborada. O processador envia um alerta ao sistema de controlo quando o parâmetro ligado à Ethernet remotamente ao processador ultrapassa o valor desejado.

O registo de dados é conseguido através do envio contínuo dos dados adquiridos pelo coelho para o PC e é continuamente armazenado numa base de dados para gerar relatórios automaticamente sempre que necessário para a análise.

1.18 Méritos do trabalho proposto

O sistema foi desenvolvido principalmente tendo em mente a segurança dos parâmetros do processo, mas o atual campo de aplicações para este sistema é bastante diversificado. A utilização de um processador rabbit, facilmente programável para responder às entradas dos sensores e produzir saídas para os actuadores, torna o sistema capaz de controlar e monitorizar praticamente qualquer processo. O próprio processo de controlo e comunicação consome menos energia. Se for necessário utilizar um atuador ou sensor de alta potência, pode ser utilizada uma fonte de alimentação auxiliar com circuitos adaptáveis adequados, acionados pelo processador rabbit através de transístores ou relés.

A adoção deste sistema pode ser utilizada no controlo de processos industriais para monitorizar processos automatizados como a linha de produção ou determinados parâmetros de um sistema. Pode mesmo ser utilizado um sensor específico. Os sensores actualizarão continuamente o processador rabbit com os parâmetros medidos e o processador rabbit ligará o sistema de controlo se houver algum problema. Estes dados são enviados através do protocolo HTTP para atualizar o ficheiro html.

Este sistema visa estabelecer uma plataforma RMACS baseada no modo Ethernet que pode monitorizar e controlar a comunicação remota. O sistema Ethernet está ligado ao endereço IP privado que se tornou o módulo Internet. O utilizador pode navegar no ficheiro html a partir de qualquer lugar remoto em todo o mundo.

Referências

[1] Ravi.S, Chathish.M.S, Prasanna.H, WAP and SMS Based Emerging Techniques for Remote Monitoring and Control of a Process Plant, 7th International Conference on Signal Processing, ICSP'04, Beijing, China, Aug 31-sep-2004.

[2] L.Wang, K.C.Tan, Modern Industrial Automation Software Design, The Institute of Electrical and Electronics Engineers, Inc., 2006.

[3] R.Zurawski, Industrial Information Technology Handbook, CRC Press, janeiro de 2005.

[4] Dzung.D, Nardele M, Vont Hoff's, Crevatin.M, Security for industrial communication systems, Proceedings of IEEE, Vol.93 (6), pp.1152-1177, junho de 2005.

[5] M.Naedele, Segurança informática para sistemas de automatização - motivações e Mecanismos,

[6] Uma introdução aos serviços ethernet www.scribd.com.

[7] Ethernet tutorial by FUJITSU Network Communications Inc, (Fujitsu) (2006). atp international, Vol 1 (1), 11/2003 e Vol 45 (5), 5/2003.

[8] Henry Carrington Bolton, "The Evolution of the Thermometer 1592-1743", autor da correspondência científica de Joseph Priestley, EASTON, PA, THE CHEMICAL PUBLISHING Co, 1900.

[9] Shaw, Peter, A New Method of Chemistry, traduzido do Elementa Chemiae do Dr. Boerhaave, Terceira Edição, 1753.

[10] Nota de aplicação AN107, "Practical Thermocouple Temperature Measurements", Dataforth Corporation.

[11] Teoria e Medição de RTD www.omega.com/temperature/z/thertd. html

[12] X.LIN, G.HUBBARD, Sensor and Electronic Biases/Errors in Air Temperature Measurements in Common Weather Station Networks, Journal of atmospheric and oceanic technology, Volume 21, 2004.

[13] N. Mondal, On Certain Topics in Temperature Measurement Using

Thermistors, Tese MEE, Universidade de Jadavpur, 1996.

[14] Simpson, J.B.; Pettibone, C.A.; Kranzler, G. Temperature. Em Instrumentation and Measurement for Environmental Sciences; Henry, Z.A., Zoerb, G.C., Birth, G.S., Eds.;American Society of Agricultural Engineers: St. Joseph, 601617,1991.

[15] Djiev, S. Communication Networks in controlling systems Automation and Informatics, No.2, pp 13-17, 2003.

2 CAPÍTULO
DESENVOLVIMENTO DE HARDWARE

2.1 Introdução

Um sistema incorporado é um dispositivo informático que desempenha uma função específica. Tanto o hardware como o software de um sistema incorporado são optimizados para essa tarefa específica. A palavra incorporado reflecte o facto de estes sistemas serem normalmente parte integrante de um sistema maior, conhecido como sistema incorporado. O sistema incorporado pode ser definido como um "sistema específico de aplicação".

Os sistemas incorporados para uso industrial são concebidos para realizar tarefas específicas, tais como monitorizar a temperatura, a pressão, a humidade, a tensão, a corrente, etc., e depois tomar as medidas adequadas. A robótica está agora a tornar-se muito poderosa e realiza tarefas interessantes e complicadas, como a montagem de hardware. Para facilitar o controlo de sistemas físicos cada vez mais complexos, como os automóveis drive-by-wire e os aviões flyby-wire, são cada vez mais necessários sistemas informáticos incorporados e ligados em rede com numerosos componentes de hardware e software [1]. Os sistemas incorporados em que uma tarefa específica tem de ser realizada num determinado período de tempo são designados por sistemas incorporados em tempo real. O desenvolvimento de software incorporado era anteriormente efectuado sobretudo em linguagens de montagem. No entanto, devido à disponibilidade de compiladores cruzados, a maior parte do desenvolvimento é atualmente feito em linguagens de alto nível, como o "C". Os sistemas incorporados são omnipresentes e desempenham um papel importante na vida moderna.

Os dispositivos incorporados do futuro têm de executar aplicações multimédia que exijam um elevado poder computacional com restrições de baixo consumo de energia [2]. Os currículos tradicionais de arquitetura de computadores/engenharia informática dão ênfase aos fundamentos de hardware e software adequados à computação de uso geral. No entanto, há uma perceção crescente de que a computação de sistemas incorporados para fins especiais exige uma ênfase educativa diferente da da computação de uso geral. O microcomputador é um chip incorporado, normalmente utilizado para aplicações de controlo, pelo que a ênfase deve ser colocada nos protocolos de comunicação com outros dispositivos, como RS-232, SPI, I^2 C ou CAN. Do mesmo modo, para interações com o mundo não digital, outra ênfase deve ser colocada na conversão analógico-digital e digital-analógico. Dado que muitas aplicações de controlo são críticas em termos de tempo, outra ênfase deve ser colocada na temporização e as interrupções representam apenas uma pequena fração do número total de aplicações de microprocessadores. Segundo algumas estimativas, mais de 99% de todos os sistemas baseados em microcontroladores são sistemas incorporados para fins especiais e não computadores de uso geral. Os microcontroladores dos sistemas incorporados são normalmente optimizados para executar uma única tarefa, frequentemente uma aplicação de controlo.

Os sistemas incorporados são caracterizados pelas seguintes caraterísticas especiais [3].

a) Os sistemas incorporados realizam uma tarefa muito específica; não podem ser programados para fazer coisas diferentes.

b) Os sistemas incorporados têm recursos muito limitados, nomeadamente a memória, e geralmente não dispõem de dispositivos de armazenamento secundário, como o CD-ROM ou a disquete.

c) Os sistemas incorporados têm de trabalhar contra alguns prazos, uma tarefa específica tem de ser concluída num determinado período de tempo, em alguns sistemas incorporados, chamados sistemas em tempo real, e os prazos são rigorosos. O incumprimento de um prazo pode provocar uma catástrofe - perda de vidas ou danos materiais.

d) Os sistemas incorporados estão limitados em termos de energia. Como muitos sistemas funcionam através de uma bateria, o consumo de energia tem de ser muito baixo.

e) Alguns sistemas incorporados têm de funcionar em condições ambientais extremas, como temperaturas e humidade muito elevadas.

f) Os sistemas incorporados têm de ser altamente fiáveis

2.2 Tendências recentes nos sistemas incorporados

O sistema incorporado é um objeto complexo que contém uma percentagem significativa de dispositivos electrónicos (geralmente, pelo menos, um microcomputador) que interage com o mundo real (ambiente físico, utilizadores humanos, etc.) através de dispositivos de deteção e atuação. O sistema é heterogéneo, uma vez que se caracteriza pela coexistência de um grande número de componentes, como o microcontrolador e o processamento digital de sinais, bem como de componentes analógicos, como os conversores A/D e D/A, os sensores, os transmissores e os receptores. No passado, o esforço de conceção do sistema centrou-se nestes componentes de hardware, deixando a conceção do software para depois, como uma etapa de implementação. As novas tecnologias de software são importantes para o futuro do controlo (e vice-versa) numa era de complexidade crescente [4]. Para as novas aplicações e serviços automóveis, as tecnologias da informação (TI) adquiriram uma importância central. Os custos relacionados com as TI no fabrico de automóveis são já elevados e aumentarão drasticamente no futuro [5-6].

Os sistemas operativos incorporados, como o VRTX ou o PSOS, eram simples kernels de espaço de endereçamento plano. No entanto, o novo sistema incorporado caracteriza-se por uma complexidade crescente do software, em que o software incorporado domina o custo e o calendário de desenvolvimento. O Linux, pela primeira vez na indústria, oferece o potencial de uma plataforma aberta de vários fornecedores com uma base crescente de suporte de software e hardware. O crescimento da utilização do Linux em sistemas incorporados nos últimos anos tem sido espantoso. O sucesso do Linux na área dos servidores ou dos computadores de secretária nos últimos anos foi o que recebeu mais atenção, onde os apoiantes mais fervorosos do Linux estão a tentar afrouxar o forte domínio dos sistemas operativos estabelecidos, como o Windows. No mercado dos sistemas incorporados, pelo contrário, o Linux já está a avançar para o domínio mundial.

No sistema operativo incorporado UNIX, a gestão do ecrã gráfico está dividida entre o servidor X, que conhece o hardware e oferece uma interface unificada aos programas do utilizador, e os gestores de janelas e de sessões, que implementam uma política específica sem saberem nada sobre o hardware [7]. É possível utilizar o mesmo gestor de janelas em hardware diferente, que também pode executar configurações diferentes na mesma estação de trabalho. Mesmo ambientes de trabalho completamente diferentes, como o KDE e o GNOME, podem coexistir no mesmo sistema. Outro exemplo é a estrutura em camadas da rede TCP/IP: o sistema operativo oferece a abstração de socket, que não implementa qualquer política relativa aos dados a transferir, enquanto diferentes servidores são responsáveis pelos serviços (e respectivas políticas associadas). Além disso, o servidor fornece o mecanismo de transferência de ficheiros, enquanto os utilizadores podem utilizar o cliente que preferirem; existem clientes de linha de comando e clientes gráficos, e qualquer pessoa pode escrever uma nova interface de utilizador para transferir ficheiros.

Um controlador de dispositivo desempenha um papel especial no kernel Linux. São peças de hardware específicas e distintas, que respondem a uma interface de programação interna bem definida. As actividades do utilizador são executadas através de um conjunto de chamadas normalizadas que são independentes do mapeamento específico do controlador. Essas chamadas para operações específicas do dispositivo que actuam sobre o hardware real são então o papel do controlador do dispositivo. Esta interface de programação é tal que os controladores podem ser construídos separadamente do resto do kernel, e "ligados" em tempo de execução quando necessário. Esta modularidade torna os controladores Linux fáceis de escrever, ao ponto de existirem atualmente centenas deles disponíveis. A tendência recente nos projectos de automação laboratorial e industrial utiliza o mínimo de hardware e o máximo de suporte de software [8].

O ritmo a que o novo hardware se torna disponível (e obsoleto!) garante, por si só, que os autores de drivers estarão ocupados num futuro previsível. As pessoas podem precisar de saber sobre os drivers para terem acesso a um dispositivo em particular que seja do seu interesse. Os vendedores de hardware, ao disponibilizarem um driver Linux para os seus produtos, podem adicionar a grande e crescente base de utilizadores Linux aos seus mercados potenciais. A natureza de fonte aberta do sistema Linux significa que, se o autor do driver o desejar, a fonte de um driver pode ser rapidamente disseminada para milhões de utilizadores. Mas a maioria dos princípios e técnicas básicas são os mesmos para todos os drivers. Os sistemas multiprocessadores, especialmente os baseados em processadores multi-core ou multithreaded, e os novos sistemas operativos, como o Linux, são muito mais eficazes do que os sistemas de controlo.

podem satisfazer os requisitos computacionais cada vez maiores dos sistemas incorporados [9]. Para criar controladores de dispositivos, é vital escolher uma solução de compromisso aceitável entre o tempo de programação necessário e a flexibilidade do resultado. Um controlador é "flexível" porque sublinha que o papel de um controlador de dispositivo é fornecer *um mecanismo* e não *uma política*. A distinção entre mecanismo e política é uma das melhores ideias por detrás da conceção do UNIX. A maioria dos problemas de programação pode, de facto, ser dividida em duas partes: "que capacidades devem ser fornecidas" (o mecanismo) e "como essas capacidades podem ser utilizadas" (a política). Se as duas questões forem tratadas por partes diferentes do programa, ou mesmo por programas diferentes, o pacote de software é muito mais fácil de desenvolver e de adaptar a necessidades específicas.

O controlador deve ocupar-se de tornar o hardware disponível, deixando todas as questões sobre a *forma de* utilizar o hardware para as aplicações. Um controlador é, portanto, flexível se oferecer acesso às capacidades do hardware sem acrescentar restrições. O desenvolvimento orientado por modelos (MDD) é um paradigma emergente que utiliza linguagens de modelação específicas do domínio (DSML) para fornecer capacidades "corretas por construção" para muitas actividades de desenvolvimento de software [10]. Por exemplo, um controlador de E/S digital pode oferecer apenas acesso ao hardware ao nível dos bytes, a fim de evitar o código adicional necessário para tratar bits individuais. Este papel privilegiado do controlador permite ao programador escolher exatamente a forma como o dispositivo deve aparecer. Diferentes controladores podem oferecer diferentes capacidades, mesmo para o mesmo dispositivo. Muitos controladores de dispositivos são, de facto, lançados juntamente com programas de utilizador para ajudar na configuração e acesso ao dispositivo alvo. Esses programas podem variar desde simples utilitários a aplicações gráficas completas. Exemplos disso são o funcionamento do controlador da impressora de porta paralela e o utilitário gráfico cadet, que ajusta o programa *tunnel* que faz parte do pacote do controlador PCMCIA.

Os ASICs (Application Specific Integrating Circuits - Circuitos Integradores de Aplicações Específicas) são a terceira tendência significativa que está a emergir no mercado militar incorporado. Com as vantagens das dimensões reduzidas, fiabilidade, resposta rápida, compatibilidade com a tecnologia CMOS normalizada e processamento de sinais na pastilha, os transdutores baseados em transístores de efeito de campo sensíveis aos iões (ISFET) são 62

cada vez mais aplicados na aquisição de dados fisiológicos e na monitorização do ambiente [12]. Para reduzir o custo de desenvolvimento e evitar a duplicação do esforço de conceção, os protótipos FPGA e as implementações ASIC são derivados de uma fonte comum. Os processadores para aplicações específicas constituem uma opção atractiva para a conceção de sistemas incorporados, dado que proporcionam um elevado desempenho para um domínio de aplicação específico [13].

As FPGAs e as CPLDs estão a tornar-se uma alternativa popular aos ASICs, proporcionando aos integradores uma alternativa ideal para satisfazer os requisitos de funcionalidade/desempenho e ambiente/custo, ao mesmo tempo que cumprem os requisitos prementes de tempo de colocação no mercado e tempo de implantação. Ao contrário dos ASIC ou dos circuitos personalizados, a arquitetura da FPGA não é fixa e, por conseguinte, a programabilidade, a conetividade e a capacidade de encaminhamento permitidas são limitadas por essa arquitetura [14]. Utiliza células

SRAM assimétricas (ASRAM) (em vez de SRAM de alta tensão) para implementar a memória de configuração [15]. O CPLD e o FPGA utilizam a linguagem VHDL ou Verilog como software. Ao introduzir a linguagem VHDL, é muito importante continuar a sublinhar o facto de o código VHDL descrever apenas o comportamento necessário do circuito ou sistema digital e não estar a ser executado de alguma forma por um intérprete ou microprocessador "oculto" no FPG [16]. Para reduzir o custo de desenvolvimento e evitar a duplicação do esforço de conceção, os protótipos FPGA e as implementações ASIC são derivados de uma fonte comum.

2.3 Desenvolvimento de hardware para RMACS utilizando Ethernet

O parâmetro mais amplamente medido no ambiente de controlo de processos é a temperatura. A temperatura é um dos principais parâmetros que devem ser monitorizados e controlados nas indústrias de processo. É uma das caraterísticas mais comuns do mundo real que os sistemas necessitam de monitorizar e controlar. Muitos processos industriais, desde o fabrico de aço ao fabrico de semicondutores, dependem da temperatura. A temperatura desempenha um papel importante em quase todos os domínios da ciência, incluindo a física, a geologia, a química, as ciências atmosféricas e a biologia. O objetivo deste trabalho é monitorizar e controlar a temperatura à distância utilizando a Ethernet.

A conceção atual do sistema é a monitorização remota e o controlo da temperatura baseados na Ethernet. Dado que o sistema de monitorização e controlo remoto sem fios tem cada vez mais aplicações, é apresentado um RMACS baseado em Ethernet. Com base na conceção total do sistema, foram desenvolvidos o hardware e o software. Nesta secção, é abordada a parte do hardware. Neste sistema, a Ethernet é um meio para transmitir e controlar o sinal remoto e pode ser aplicada para medir a temperatura em aplicações industriais, domésticas e industriais de controlo de processos, tais como caldeiras, aquecedores, centrais nucleares, etc. A implementação do sistema de monitorização e controlo remoto da temperatura baseado na Ethernet (RMACS) é feita em cascata em várias fases, como mostra a Figura 2.1, que apresenta o diagrama de blocos do sistema, e a fotografia 1 mostra a configuração completa do RMACS da temperatura baseado na Ethernet.

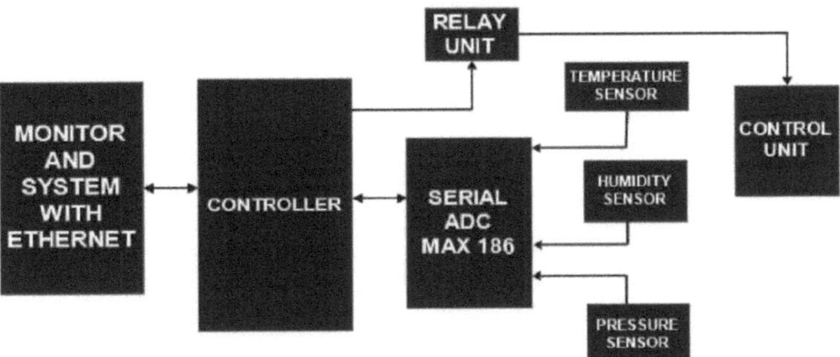

Fig 2.1: Diagrama de blocos do sistema de medição e controlo remoto da temperatura baseado em Ethernet.

Unidades funcionais

O sistema de monitorização e controlo remoto da temperatura baseado na Ethernet é composto pelas seguintes unidades funcionais, sendo cada unidade explicada em pormenor a seguir.

1. Sensor de temperatura (LM-35)
2. Sensor de humidade (HIH 4030)
3. Sensor de pressão (SPD005G)
4. ADC de série (MAX 186)
5. Microcontrolador Rabbit (RCM3700)
6. LAN (Ethernet)
7. Comunicação em série (RS232-Driver / Recetor)
8. Unidade de visualização
9. Relé
10. Unidade de controlo.

Os parâmetros são medidos utilizando diferentes sensores como a temperatura, a humidade

e pressão. A saída dos sensores é analógica, pelo que o conversor analógico para decimal é utilizado para a conversão. Este é utilizado para converter os valores analógicos em valores digitais. A unidade de microcontrolador Rabbit processa os dados correspondentes à medição dos parâmetros. O relé é utilizado para ligar/desligar a unidade de controlo (Dispositivo 1) que controla a temperatura. O módulo Ethernet é utilizado para transferir os dados através da LAN com a ajuda do protocolo TCP/IP. O projeto e os pormenores de construção dos blocos individuais são apresentados a seguir.

2.4 Sensor de temperatura (LM-35)

A série LM35 é constituída por sensores de temperatura de precisão em circuito integrado, cuja tensão de saída é linearmente proporcional à temperatura Celsius (centígrada) [17]. O LM-35 é um dispositivo de três terminais que produz tensões de saída proporcionais ao grau Celsius ($10mv/°C$), pelo que a tensão de saída do terminal é de 250mv a 25°C e 1.000V a 100°C. Estes sensores podem medir temperaturas abaixo de 0°C utilizando uma resistência de descida do pino de saída para uma tensão abaixo do pino de terra. O LM35 é mais preciso ($\pm1°C$ de -55°C a +150°C vs $\pm3°C$ de -20°C a +100°C). O LM35 tem assim uma vantagem sobre os sensores de temperatura lineares calibrados em graus Kelvin, uma vez que o utilizador não é obrigado a subtrair uma grande tensão constante da sua saída para obter uma escala conveniente em centígrados. O LM35 não necessita de qualquer calibração externa. O baixo custo é assegurado pelo corte e calibração ao nível da bolacha. Pode ser utilizado com fontes de alimentação simples ou com fontes mais e menos. Como consome apenas 60 microamperes da sua alimentação, tem um auto-aquecimento muito baixo, inferior a $0,1°$ C em ar parado. A baixa impedância de saída do LM35, a saída linear e a calibração inerente precisa tornam a interface com circuitos de leitura ou de controlo especialmente fácil.

Caraterísticas do LM 35

Calibrado diretamente em ° Celsius (centígrados)

Linear + 10,0 mV/°C fator de escala

Garantia de precisão de 0,5°C (a +25°C)

Classificado para uma gama completa de -55° a +150°C Adequado para aplicações remotas Baixo custo devido ao corte ao nível da bolacha Funciona de 4 a 30 volts

Dreno de corrente inferior a 60 iiA Baixo auto-aquecimento, 0,08°C em ar parado

Não linearidade apenas $\pm1/4°C$ típica Saída de baixa impedância, 0,1 W para uma carga de 1 MA

2.5 Sensor de humidade (HIH 4030)

A Honeywell expandiu a sua série HIH para incluir uma linha de produtos SMD (Surface Mount Device), o novo HIH 4030/4031. O HIH 4030/4031 complementa a nossa linha existente de sensores de humidade não SMD. A embalagem SMD em fita e bobina permite a utilização em fabrico automatizado de elevado volume de recolha e colocação, eliminando o desalinhamento do cabo em relação ao orifício de passagem da placa de circuito impresso. Os sensores de humidade da série HIH-4030/4031 foram concebidos especificamente para utilizadores OEM (fabricantes de equipamento original) de grande volume. A entrada direta para um controlador ou outro dispositivo é possível graças à saída de tensão quase linear deste sensor. Com um consumo de corrente típico de apenas 200 gA, a série HIH-4030/4031 é muitas vezes ideal para sistemas de baixo consumo e operados por bateria.

A série HIH-4030/4031 proporciona um desempenho de deteção de RH (Humidade Relativa) com qualidade de instrumentação num SMD soldável a um preço competitivo. O HIH-4030 é um sensor de humidade de circuito integrado coberto. O HIH-4031 é um sensor de humidade de circuito integrado coberto, resistente à condensação, que vem equipado de fábrica com um filtro hidrofóbico, permitindo a sua utilização em ambientes com condensação, incluindo aplicações industriais, médicas e comerciais.

O sensor RH utiliza um elemento de deteção capacitivo de polímero termoendurecido, cortado a laser, com condicionamento de sinal integrado no chip. A construção multicamada do elemento sensor proporciona uma excelente resistência à maioria dos riscos de aplicação, tais como condensação, poeira, sujidade, óleos e produtos químicos ambientais comuns.

Caraterísticas:

* Caixa em plástico termoendurecido moldado

* Saída de tensão quase linear vs %RH

* Intercambialidade aparada a laser

* Conceção de baixa potência

* Precisão melhorada

* Tempo de resposta rápido

* Desempenho estável e de baixa deriva

* Resistente a produtos químicos

2.6 Sensor de pressão (SPD005G)

A série de sensores de pressão Smart Pressure Device SPD é baseada em silício e encapsulada em embalagens plásticas modificadas Dual In Line, para acomodar seis pinos para montagem em circuito impresso através da placa. Os sensores estão disponíveis em dois tipos distintos: Manómetro e absoluto. O tipo manómetro mede apenas a pressão em relação à pressão atmosférica. O tipo absoluto contém uma câmara de vácuo de referência, que é formada na matriz durante o fabrico. As tensões de saída de ambos os tipos são proporcionais à pressão que é medida.

Estão disponíveis várias gamas de pressão. A pedido, podem ser fornecidas outras gamas e encapsulamentos. Para mais informações, contacte o nosso departamento comercial. Uma série de sensores de pressão à base de silicone adequados para aplicações industriais e domésticas. Estes sensores estão geralmente disponíveis em embalagens de plástico em linha ou em linha dupla. Os sensores SPD estão geralmente disponíveis em dois modos de funcionamento, nomeadamente o tipo manométrico e o tipo absoluto. No tipo manométrico, a pressão é medida em relação à pressão atmosférica. Existe uma pequena abertura na embalagem para entrar em contacto com a atmosfera. No tipo absoluto, a pressão é medida em relação ao vácuo. Uma pequena câmara de vácuo é incorporada na embalagem durante a fabricação. As aplicações típicas do SPD005G são sistemas médicos, monitorização da pressão arterial, sistemas de ar condicionado, controlo de processos, sensores de pressão portáteis, etc. O sensor aqui utilizado, ou seja, o SPD005G, é um sensor do tipo manómetro. Na verdade, existem quatro elementos sensores dentro do SPD005G e eles estão dispostos como uma ponte de Wheatstone.

2.7 Unidade de condicionamento de sinal

Qualquer sistema de medição de instrumentação é composto por várias unidades, desde sensores a unidades de representação de dados. Entre elas, o condicionamento do sinal é um processo vital. A instrumentação de processo consiste em unidades de condicionamento e processamento de sinal para tensões muito baixas. A unidade de condicionamento de sinal fornece amplificação, filtragem, conversão e outros processos necessários para tornar a saída do sensor adequada para leitura por plucas de microcontroladores. O parâmetro do sensor está a ser continuamente monitorizado pelo sistema. A saída do sensor está normalmente a ser "condicionada" por meio de um ADC [MAX 186].

2.8 ADC de série (MAX 186)

O MAX 186 é um conversor analógico-digital de 12 bits que combina um multiplexador de 8 canais e uma interface serial com alta velocidade de conversão e consumo de energia ultrabaixo. O dispositivo funciona com uma única alimentação de +5V ou duas alimentações de + ou - 5V. As entradas analógicas são configuráveis por software para operação unipolar / bipolar e com terminação simples / diferencial [18].

O MAX 186 utiliza o relógio interno ou um relógio externo do interface série para efetuar conversões analógico-digitais de aproximação sucessiva (A/D). A interface serial pode operar além de 4MHz quando o relógio interno é usado. Possui uma referência interna de 4,096V.

O MAX186 fornece um pino SHDN com fio e dois modos de desligamento selecionáveis por software. O interface série de 4 fios liga-se diretamente a dispositivos SPI, QSPI e micro fios sem lógica externa. Uma saída estroboscópica de série permite ligações diretas aos processadores de sinais digitais. O acesso ao interface série liga automaticamente os dispositivos, e o tempo de ligação rápido permite que o MAX186 seja desligado entre cada conversão. Utilizando esta técnica de desligar entre conversões, a corrente de alimentação pode ser reduzida para menos de 10 micro amperes a taxas de amostragem reduzidas.

Uma conversão é iniciada no MAX186 através do clocking de um byte de controlo em DIN. Cada borda ascendente em SCLK, com CS baixo, clica um bit de DIN no registo de deslocamento interno do MAX186. Depois de CS cair, o primeiro bit lógico "1" que chega define o MSB do byte de controlo. Até que este primeiro bit de "início" chegue, qualquer número de bits lógicos "0" pode ser clocado em DIN sem nenhum efeito. Usando o Circuito Operacional Típico, a interface de software mais simples requer apenas três transferências de 8 bits para realizar uma conversão (uma transferência de 8 bits para configurar o ADC e mais duas transferências de 8 bits para bater o resultado da conversão de 12 bits). Certifique-se de que a interface serial da CPU funciona no modo mestre para que a CPU gere o relógio serial. Escolha uma frequência de relógio de 100 kHz a 2MHz. Puxe CS no MAX186 para cima. O tempo total de conversão é uma função da frequência do relógio série e da quantidade de tempo morto entre transferências de 8 bits. Certifique-se de que o tempo total de conversão não excede 120ps, para evitar uma queda excessiva de T/H. Os dados são desbloqueados na borda descendente de Configure o byte de controlo para SCLK externo no formato MSB-primeiro. O MAX186 pode usar quer um relógio série externo quer o relógio interno para efetuar a conversão por aproximação sucessiva O T/H adquire o sinal de entrada quando os últimos três bits do byte de controlo são introduzidos em DIN. Os bits PD1 e PD0 do byte de controlo programam o modo de relógio. No modo de relógio externo, o relógio externo não só desloca os dados para dentro e para fora, como também acciona os passos de conversão analógico-digital. SSTRB pulsa alto durante um período de relógio após o último bit do byte de controlo. As decisões de bits de aproximação sucessiva são tomadas e aparecem em DOUT em cada uma das próximas 12 bordas descendentes de SCLK. SSTRB e DOUT entram num estado de alta impedância quando CS fica alto; após a próxima borda descendente de CS, SSTRB produzirá uma saída lógica baixa. A temporização SSTRB no modo de relógio externo. A conversão deve ser concluída em algum tempo mínimo, ou então o droop nos capacitores de amostra e retenção pode degradar os resultados da conversão. Use o modo de relógio interno se o período do relógio exceder 10ps, ou se as interrupções do relógio serial puderem fazer com que o intervalo de conversão exceda 120ps.

Aplicações através da utilização de MAX 186

Registo de dados portátil

Aquisição de dados

Controlo de processos de alta precisão Testes automáticos Robótica

Instrumentos alimentados por bateria Instrumentos médicos.

Caraterísticas do MAX 186

Entradas de 8 canais com terminação simples ou entradas diferenciais de 4 canais

Funcionamento simples de +5 V ou + ou - 5 V

Baixo consumo de energia (1,5mA em modo de funcionamento 2 microamperes em modo de desativação).

TRACK/HOLD interno, taxa de amostragem de 133 KHz

Referência interna de 4,096 V

Entradas unipolares ou bipolares configuráveis por software

Pacotes de 20 pinos DIP, SO, SSOP Kit de avaliação disponível.

2.9 Microprocessador RCM 3700 Rabbit

O RCM 3700 é um módulo compacto que incorpora a última revisão do potente microprocessador Rabbit 3000 que funciona a 22,1 MHz, memória flash, flash série integrada, RAM estática e portas de entrada/saída digitais, dois relógios (oscilador principal e relógio de tempo real) e os circuitos necessários para a reposição e gestão da bateria de reserva do relógio de tempo real interno do Rabbit 3000. 512K de memória flash e 512K de SRAM de execução de programas e 265K de SRAM de dados. O RCM3700 pode ser programado localmente, remotamente ou através de uma rede, o que demonstra a sua grande versatilidade. Um conetor de 40 pinos permite a utilização das linhas de barramento de E/S, portas paralelas e portas seriais do Rabbit 3000. O RCM 3700 pode interagir com todos os tipos de dispositivos digitais compatíveis com CMOS através das linhas de barramento de E/S Rabbit 3000 da placa-mãe, portas paralelas, portas seriais (assíncronas e com clock) e portas PWM. Portas PWM. Mostra o microcontrolador RCM3700 e os pinos de saída do conetor (cabeçalho J1), respetivamente [19].

Figura 2.2: Microprocessador Rabbit

O RCM3700 tem um tamanho pequeno de (30 mm x 75 mm x 23 mm) e recebe a sua alimentação de +3,3 V da placa-mãe fornecida pelo cliente na qual está montado. O Rabbit Core RCM3700 pode interagir com todos os tipos de dispositivos digitais compatíveis com CMOS através da placa-mãe.

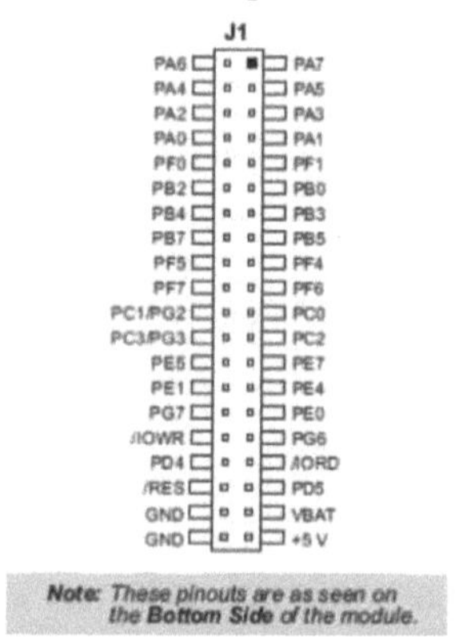

Figura 2.3: Microprocessador Rabbit 3700 e cabeçalho de 40 pinos para linhas i/o.

Caraterísticas do RCM 3700:

O processador Rabbit consiste em 33 linhas de E/S paralelas tolerantes a 5 V, sendo 31 configuráveis para E/S e 2 saídas fixas. E/S de reinicialização externa. O barramento de E/S alternativo pode ser configurado para 8 linhas de dados e 5 linhas de endereço. Dez temporizadores de 8 bits (seis em cascata) e um temporizador de 10 bits com dois registos de correspondência. Memória flash de 512 K e SRAM de 512 K. Relógio em tempo real. Supervisor Watchdog. Quatro portas de série compatíveis com CMOS de 3,3 V disponíveis.

2.9.1 Placa de prototipagem

A Placa de Prototipagem incluída no Kit de Desenvolvimento facilita a ligação de um módulo RCM3700 a uma fonte de alimentação e a uma estação de trabalho PC para desenvolvimento. A placa de prototipagem é, na verdade, uma placa de demonstração e uma placa de prototipagem. Como placa de demonstração, pode ser utilizada para demonstrar a funcionalidade do RCM3700 logo à saída da caixa, sem quaisquer modificações em qualquer das placas. Não existem jumpers ou dipswitches para configurar na placa de protótipos, pelo que a configuração inicial é muito simples. Ela também fornece alguns periféricos básicos de E/S (interruptores e LEDs), bem como uma área de prototipagem para desenvolvimento de hardware mais avançado. A placa de prototipagem é mostrada abaixo com as suas principais caraterísticas identificadas.

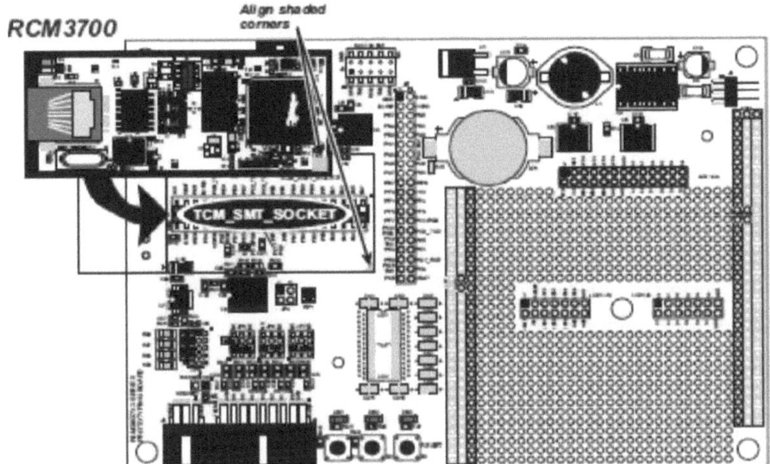

Figura 2.4: A placa de prototipagem e as suas principais caraterísticas identificadas

Caraterísticas da placa de prototipagem:

Fonte de alimentação regulada
LED de ligação
Interruptor de reinicialização
Interruptores de E/S
Área de prototipagem
Conectores do módulo escravo

Cabeçalhos de extensão de módulo
Ligação RS-232
Opção de medição de corrente

As portas do microprocessador Rabbit 3000 utilizadas no RCM3700 são configuráveis A figura mostra a utilização das portas do microprocessador Rabbit 3000 nos módulos RCM3700. O microprocessador Rabbit 3000 consiste em 128 pinos.

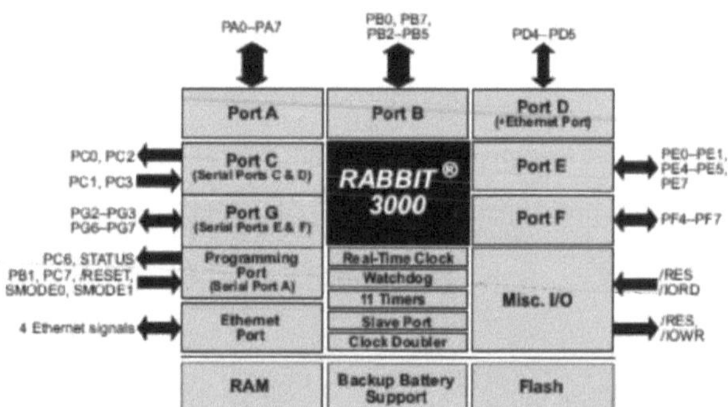

Figura 2.5: Portas do microprocessador rabbit

Portas de série

Existem cinco portas designadas como Portas Seriais A, C, D, E e F. Todas as cinco portas seriais podem operar em um modo assíncrono até a taxa de transmissão do relógio do sistema dividido por 8. Uma porta assíncrona pode lidar com 7 ou 8 bits de dados. A Porta Serial A é normalmente usada como uma porta de programação, mas pode ser usada como uma porta serial assíncrona ou com clock, uma vez que o desenvolvimento da aplicação tenha sido concluído e o RCM3700 esteja operando no Modo de Execução.

As portas de série C e D também podem ser operadas no modo de série com relógio. Neste modo, uma linha de relógio regista sincronizadamente a entrada ou saída de dados. Qualquer um dos dois dispositivos de comunicação pode fornecer o relógio.

As portas de série E e F também podem ser configuradas como portas de série HDLC. O protocolo IrDA também é suportado no formato SDLC por essas duas portas. A porta de série F partilha os seus pinos com as portas de série C e D no conetor J1. A seleção da(s) porta(s) depende da necessidade da aplicação.

Interface I/O da memória

As linhas de endereço do Rabbit 3000 (A0-A18) e todas as linhas de dados (D0-D7) são encaminhadas internamente para os chips de memória flash e SRAM integrados. A escrita I/0 (/IOWR) e a leitura I/0 (/IORD) estão disponíveis para ligação a dispositivos externos. A porta paralela A também pode ser usada como um barramento de dados de E/S externa para isolar a E/S externa do barramento de dados principal. Os pinos PB2-PB5 e PB7 da porta paralela B também podem ser utilizados como um bus de endereço auxiliar.

Duplicador de relógio

O RCM3700 tira partido do duplicador de relógio interno do microprocessador Rabbit 3000. Um duplicador de relógio integrado permite que cristais de meia frequência sejam usados para reduzir as emissões irradiadas. A frequência de 22,1 MHz especificada para o RCM3700 é gerada usando um ressonador de 11,06 MHz. O duplicador de relógio pode ser desativado se não forem necessárias velocidades de relógio de 22,1 MHz. Isso reduzirá o consumo de energia e reduzirá ainda mais as emissões irradiadas.

Funcionamento do Rcm3700

O RCM3700 deve ser programado através da placa de prototipagem RCM3700 ou através de uma disposição semelhante numa placa fornecida pelo cliente. Uma vez que o RCM3700 tenha sido programado com sucesso, remova o cabo de programação do conetor de programação e reinicie o RCM3700. O RCM3700 pode ser reiniciado desligando/ligando a alimentação ou pressionando o botão RESET na placa de prototipagem. O módulo RCM3700 pode agora ser removido da placa de prototipagem para instalação no uso final.

Porta Ethernet

O Embedded Ethernet Development Kit fornece todo o hardware e software necessários para o desenvolvimento de aplicações incorporadas no mundo real. A pilha de protocolos TCP/IP foi desenvolvida especificamente para processadores incorporados e é distribuída gratuitamente numa biblioteca fácil de utilizar. É fornecido um assistente de configuração TCP/IP para gerar uma biblioteca altamente personalizada e optimizada para os protocolos selecionados pelo utilizador. A figura mostra a pinagem da porta Ethernet RJ-45 (J3). Observe que alguns conectores Ethernet são numerados de forma inversa à ordem usada aqui. Dois LEDs são colocados junto à tomada Ethernet RJ-45, um para indicar uma ligação Ethernet (**LINK**) e outro para indicar a atividade Ethernet (**ACT**).

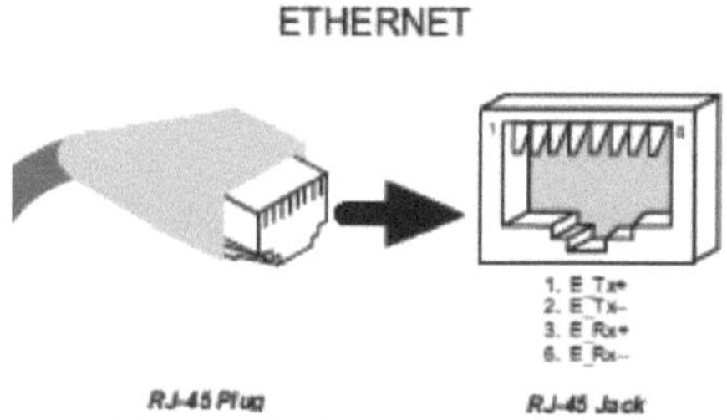

Figura 2.6: Conector Ethernet

2.10 Controlador Ethernet [RTL8019]

O RTL8019AS é um controlador Ethernet altamente integrado, que oferece uma solução simples para implementar um adaptador compatível com Plug and Play NE2000 com funções full duplex e de desativação. Com as funcionalidades de controlo de desligamento de três níveis, o RTL8019AS foi concebido para ser a escolha ideal do dispositivo de rede para um sistema de PC VERDE.

A função full-duplex permite a transmissão e receção simultâneas na ligação de par entrançado a um hub de comutação Ethernet full-duplex. Esta funcionalidade não só aumenta a largura de banda do canal de 10 para 20 Mbps, como também evita o problema de degradação do desempenho devido às caraterísticas de contenção de canal do protocolo Ethernet CSMA/CD. O RTL8019AS também suporta as opções de jumper e de jumper proprietário menos. Para oferecer uma solução totalmente *plug and play*, o RTL8019AS fornece a capacidade de deteção automática entre o transcetor 10BaseT integrado, a interface BNC e AUI. Além disso, o transcetor 10BaseT pode corrigir automaticamente o erro de polaridade no seu par recetor. O RTL8019AS suporta BROM de 16k, 32k e 64k bytes e interface de memória fish. Ele também oferece a função de modo de página, que pode suportar até 4Mbyte BROM dentro de apenas 16k-byte de espaço de memória do sistema. Além disso, o comando BROM disable é fornecido para liberar o espaço de memória BROM para outro uso do sistema (por exemplo, EMM386, etc.) após o programa BROM ser carregado. O RTL8019AS é construído com SRAM de 16K-byte num único chip. Foi concebido não só para fornecer funções mais amigáveis, mas também para poupar o esforço de aquisição e inventário de SRAM [20].

2.11 Comunicação em série (RS-232)

A transmissão de dados em série tornou-se muito importante para a estratégia informática global das aplicações industriais e comerciais. Esta norma foi melhorada no início dos anos 60 com o estabelecimento de uma especificação eléctrica/mecânica para a transmissão de dados em série, à qual foi atribuído o número RS 232 pela associação da indústria eletrónica. Fisicamente, os dados são uma série de níveis de tensão que são amostrados, no centro do período de bits, a uma frequência que é determinada pelo modo de dados em série e pelo programa que controla esse modo. A porta série presente no chip do microcontrolador é utilizada para o desenvolvimento/teste/depuração (monitor) da aplicaçãoA UART0 é uma porta série melhorada com hardware de deteção de erros de fotogramas e de reconhecimento de endereços. A UART0 pode funcionar nos modos full-duplex assíncrono ou half-duplex síncrono, e a comunicação multiprocessador é totalmente suportada. Os dados recebidos são armazenados num registo de retenção, permitindo que a UART0 inicie a receção de um segundo byte de dados de entrada antes de o software ter terminado a leitura do byte de dados anterior. A UART0 é acedida através dos seus SFRs associados, Controlo de série (SCON0) e Buffer de dados de série (SBUF0).

Tabela 2.1: Especificação da UART-1 (Comunicação RS-232)

S.No	Serial controller register (SCON0)	1,8 bit UART, enable RX
1	Timer Mode (TMOD)	Timer1,mode 2, 8-bit Auto reload
2	Baud rate	11,5000
3	System clock external	22 MHz

A localização única SBUF0 permite o acesso aos registos de transmissão e de receção. A UART0 pode ser operada em modo polled ou de interrupção. A UART0 tem dois sinais de interrupção de transmissão, TI0 (SCON0.1), definidos quando a transmissão de um byte de dados está concluída, e um sinal de interrupção de receção, RI0 (SCON0.0), definido quando a receção de um byte de dados está concluída. Os sinalizadores de interrupção da UART0 não são apagados por hardware quando a CPU faz o vetor para a rotina de serviço de interrupção, têm de ser apagados manualmente por software [21].

A porta série é mais difícil de interligar do que a porta paralela. Na maioria dos casos, qualquer dispositivo que se ligue à porta série necessitará que a transmissão série seja convertida em paralela para que possa ser utilizada. Isso pode ser feito usando uma UART. As vantagens de utilizar a transferência de dados em série em vez da paralela são

- Os cabos de série podem ser mais compridos do que os cabos paralelos. A porta série transmite um '1' como -3 a -25 volts e um '0' como +3 a +25 volts, enquanto que uma porta paralela transmite um '0' como 0v e um '1' como 5v. Por conseguinte, a porta série pode ter uma oscilação máxima de 50 V em comparação com a porta paralela, que tem uma oscilação máxima de 5 V. Por conseguinte, a perda de cabos não será um problema tão grande para os cabos série como para os cabos paralelos.
- Não são necessários tantos fios como na transmissão paralela.

- Os microcontroladores também provaram ser bastante populares recentemente. Muitos deles têm SCI (Serial Communications Interfaces) incorporadas que podem ser usadas para falar com o mundo exterior. Apenas dois pinos são normalmente usados, Transmit Data (TXD) e Receive Data (RXD) mostrados na Figura 3.33, em comparação com pelo menos 8 pinos se usar um método paralelo de 8 bits (também pode ser necessário um Strobe).

As especificações eléctricas da porta série estão contidas na norma RS232C. Esta norma estabelece muitos parâmetros, tais como.

- Um "Espaço" (lógica 0) situar-se-á entre +3 e +25 Volts.

- Uma "Marca" (Lógica 1) estará entre -3 e -25 Volts.

- A região entre +3 e -3 volts é indefinida.

- Uma tensão de circuito aberto nunca deve exceder 25 volts. (Em referência ao GND)

- Uma corrente de curto-circuito não deve exceder 500mA. O condutor deve ser capaz de suportar esta corrente sem sofrer danos.

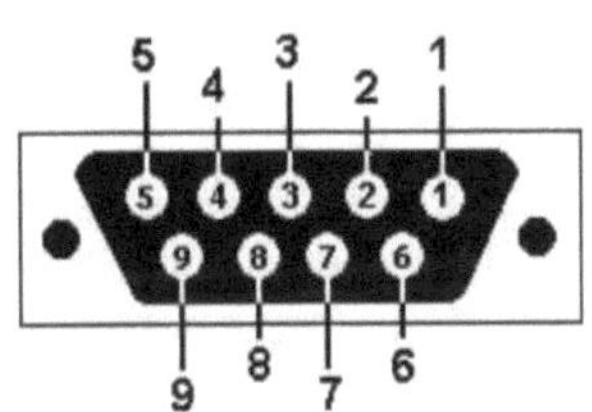

Figura 2.7: Diagrama de pinos do RS232

Pino Descrição

QUADRO 2.2: DESCRIÇÃO DOS PINOS DO RS232

PIN NO	ABBREVIATION	FULL NAME	FUNCTION
1	CD	Carrier Detect	This is the opposite to DSR. This tells the Modem that the UART is ready to link.
2	RD	Receive Data	Serial Data Input(RXD)
3	TD	Transmit Data	Serial Data Output(TXD)
4	DTR	Data Terminal	This line informs the modem that the UART is ready to
		Ready	exchange data
5	SG	Signal Ground	This tells the UART that the modem is ready to establish a link.
6	DSR	Data Set Ready	When the modem detects a "carrier" from the modem at the other end, this line becomes active
7	RTS	Request to Send	
8	CTS	Clear to Send	This line indicates that the modem is ready to exchange data
9	RI	Ring Indicator	

As comunicações RS-232 em relação ao computador pessoal são assíncronas, ou seja, não é enviado um sinal de relógio com os dados. Cada palavra é sincronizada utilizando o seu bit de início, e um relógio interno em cada lado mantém o controlo do tempo. Quase todos os dispositivos digitais utilizam níveis lógicos TTL ou CMOS. Por isso, o primeiro passo para ligar um dispositivo à porta RS-232 é transformar os níveis RS-232 em 0 e 5 volts.

O condutor/recetor de linha típico utilizado no presente trabalho é o MAX232. Os pormenores são discutidos a seguir. O conversor de nível MAX 232 é utilizado para converter os níveis RS 232 em níveis TTL/CMOS. Os níveis de conversão são mostrados na Tabela 2.3.

Tabela 2.3 Níveis de conversão do MAX 232

	Logic level	Voltage
RS232	**0**	**(-3) – (-25)**
RS232	**1**	**(3) – (25)**
TTL/CMOS	**0**	**0.0 – 0.5**
TTL/CMOS	**1**	**4.5 – 5.0**

Uma vez que o RS232 não é compatível com os microprocessadores e microcontroladores actuais, precisamos de um controlador de linha ou conversor de tensão para converter os sinais do RS232 em níveis de tensão TTL. Um exemplo de um conversor deste tipo é o MAX 232 da Maxim corp. O conversor MAX232 converte de níveis de tensão RS232 para níveis de tensão TTL e vice-versa. Uma vantagem do chip MAX232 é que ele usa uma fonte de alimentação de +5v, que é a mesma que a tensão de alimentação do microcontrolador. Por outras palavras, com uma única fonte de alimentação de +5v podemos alimentar tanto o microcontrolador como o MAX232, sem necessidade das fontes de alimentação duplas que são comuns em muitos sistemas antigos.

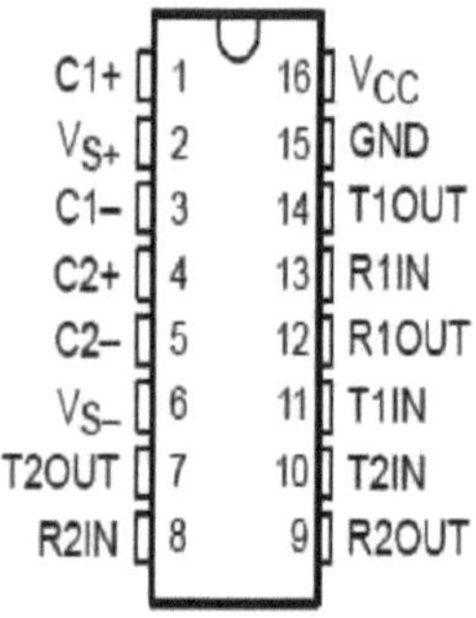

Figura 2.8: Diagrama de pinos do MAX232

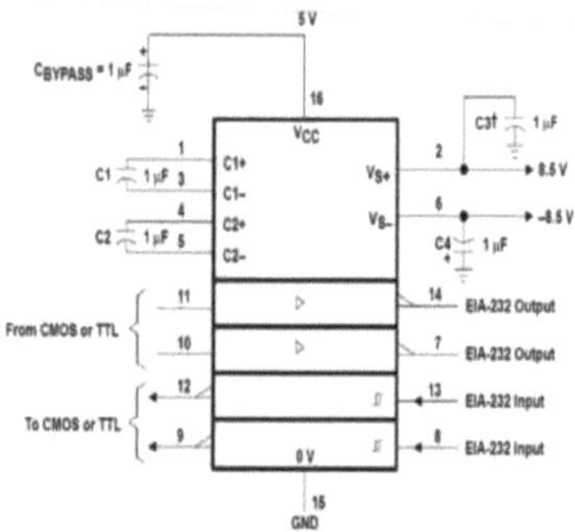

Figura 2.9: Diagrama do circuito do MAX232

O MAX232 é um driver/recetor duplo que inclui um gerador de tensão capacitivo para fornecer níveis de tensão EIA-232 a partir de uma única fonte de 5-V. Cada recetor converte entradas EIA-232 para níveis TTL/CMOS de 5 V. Estes receptores têm um limiar típico de 1,3 V e uma histerese típica de 0,5 V, e podem aceitar entradas de ±30 V. Cada driver converte os níveis de entrada TTL/CMOS em níveis EIA-232.

No presente projeto, o TXD1- pino 33 do processador Rabbit está ligado ao pino 11T1IN do MAX232, e o RXD1- pino34 do processador Rabbit está ligado ao pino 12-R1OUT do MAX232. Podemos estabelecer comunicação entre o processador e o computador pessoal, ou seja, podemos transmitir e receber dados entre o processador e o PC. No presente trabalho, estamos a transmitir os dados medidos da temperatura para o computador pessoal.

Porta de programação série

A porta de programação do RCM3700 é acedida através do conetor J2 ou através de uma ligação Ethernet via Rabbit Link. A porta de programação usa a porta serial A do Rabbit 3000 para comunicação. O Dynamic C usa a porta de programação para descarregar e depurar programas.

A porta de programação é também utilizada para as seguintes operações.

• Arranque a frio do Rabbit 3000 no RCM3700 após uma reinicialização.

• Descarregar e depurar remotamente um programa através de uma ligação Ethernet utilizando o Rabbit Link EG2110.

• Cópia rápida de partes designadas da memória flash de uma placa baseada em Rabbit.

Cabo de programação série

O cabo de programação é usado para conectar a porta de programação do RCM3700 a uma porta serial COM do PC. O cabo de programação converte os níveis de tensão RS-232 usados pela porta serial do PC para os níveis de tensão CMOS usados pelo Rabbit 3000. Quando o conetor **PROG** no cabo de programação é ligado à porta de programação do RCM3700, os programas podem ser descarregados e depurados através da interface serial.

2.12 Dispositivo1 (ventilador)

No ambiente de trabalho atual, ligámos um dispositivo 1 como ventoinha que será ligado/desligado em função das gamas de temperatura. Aqui, a ventoinha actuará como equipamento controlado em função da temperatura. O ponto de regulação inicial é definido por defeito no momento do arranque e é codificado por hardware. No entanto, o mesmo pode ser alterado através do envio para o RMACS e a partir desse momento o novo valor passa a atuar como ponto de regulação. Sempre que a temperatura ultrapassa o ponto de regulação, o relé é ativado e o controlador também liga a ventoinha. Quando o relé é desativado a ventoinha fica desligada.

2.13 Relé

O relé utilizado no presente trabalho é de 1 CO (SPDT), 10 A. É utilizado para ligar e desligar o ventilador do dispositivo. É acionado utilizando o transístor 2222 de controlo do relé. Quando o relé é excitado pela aplicação da tensão, o relé é ativado e, no processo, liga o dispositivo e, quando a tensão de excitação é interrompida, o relé é desativado e, no processo, desliga os dispositivos. O relé de comutação (CO) de pólo simples e duplo (SPDT) é um cubo de açúcar de 10A montado em PCB. Ele é mostrado na Figura 2.9.

Figura 2.10: Relé CO (SPDT), 10A

Caraterísticas

o Relé de 10 A montado em circuito impresso o 1 contato reversível ou 1 contato normalmente aberto o Miniatura - embalagem "cubo de açúcar" o Bobina DC - 360 mW Estanque: RT III

o Opção de material de contacto sem cádmio

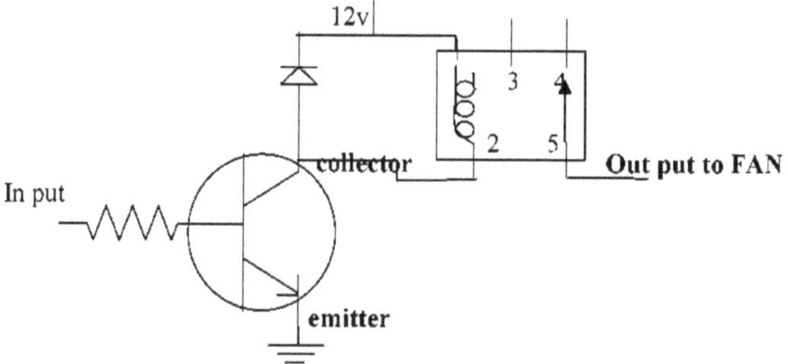

Figura 2.11: O circuito de acionamento do relé

2.14 Visão geral do diagrama esquemático:

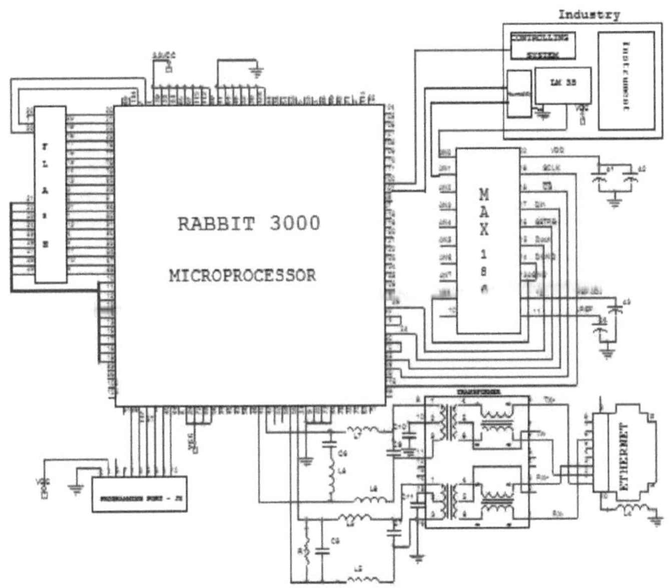

Figura 2.12: Diagrama esquemático da monitorização dos parâmetros

O diagrama de blocos do sistema de instrumentação habilitado para Ethernet para medição e controlo de parâmetros (temperatura, humidade e pressão) é apresentado na Fig. 2.1. Um diagrama esquemático, que contém mais pormenores, é apresentado na Fig. 2.12. Os sensores que são utilizados para medir os parâmetros. A saída da unidade de sensores é enviada para o conversor analógico-digital de 12 bits que combina um multiplexador de 8 canais e uma interface série com uma velocidade de conversão elevada e um consumo de energia ultra-baixo (MAX186). O sensor é ligado aos canais O a 3 [An0 a An2], como se mostra no diagrama esquemático. O MAX186 utiliza uma técnica de conversão de aproximação sucessiva e um circuito de rastreio/retenção (T/H) de entrada para converter um sinal analógico numa saída digital de 12 bits. Uma interface de série flexível permite uma interface fácil com microprocessadores. O ADC é constituído por três linhas de controlo que estão ligadas às portas do processador rabbit: a linha de controlo CS está ligada à porta G, a linha de controlo clock está ligada à porta B e a linha de controlo SSTRB está ligada à porta D[5]. Para a transmissão de dados, existem duas linhas, D in e D out, que estão ligadas às portas D [4] e E, respetivamente. Estas são controladas através do programa. O processador Rabbit também está ligado à porta Ethernet através do transformador que converte a rede 10/100 Base T, a porta de programação de 10 pinos é utilizada para descarregar o programa no microcontrolador e a memória Flash é utilizada para armazenar o programa. Todos estes elementos estão ligados no diagrama esquemático. A porta de saída está ligada ao relé de 12 volts que é utilizado para ligar e desligar o sistema de controlo.

O dispositivo é controlado através de registos internos diretos e indirectos acessíveis através da interface paralela do anfitrião. Todos os pinos digitais do dispositivo são tolerantes a 5V. Joint Test Action Group (JTAG), que é o comunicador do microcontrolador com o módulo Ethernet e com o computador pessoal para a transferência de dados. O módulo Ethernet, que apresenta os dados no servidor Web.

Referências

1. Albert Mo Kim Cheng "A survey of formal verification methods and tools for embedded and real-time systems" International Journal of Embedded Systems, vol- 2, No.3/4 pp 184 - 195,(2006).

2. Jose L. Ayala, Marisa Lopez-Vallejo, David Atienza, Praveen Raghavan, Francky Catthoor, Diederik Verkest "Energy-aware compilation and hardware design for VLIW embedded systems" International Journal of Embedded Systems,vol-3, No.1/2 pp 73 - 82,(2007).

3. Dhananjay V.GADRE, "Programming and Customizing the AVR Microcontroller",TATA Mc Graw-Hill,(2003).

4. Sanz. R, Arzen, K.-E. Univ. Politecnica de Madrid, Espanha" Trends in software and control " vol-23, Issue: 3, pp 12- 15, junho(2003).

5. Marko Wolf, Andre Weimerskirch e Thomas Wollinger "State of the Art: Embedding Security in Vehicles" EURASIP Journal on Embedded Systems, pp 16,(2007).

6. Lui Sha, Chang-Gun Lee "Real-time virtual machines for avionics software migration" International Journal of Embedded Systems, vol-2, No.3/4, pp 156 - 165,(2006).

7. Takada Hiroaki "A situação atual e as tendências futuras da tecnologia de desenvolvimento de sistemas incorporados". Joho Shori Gakkai Shinpojiumu Ronbunshuvol.2000; NO.8; pp1-6, (2000).

8. J.Jayapandian e Usha Rani Ravi "An embedded single chiptemperature controller design "J. Instrum. Soc, India 38(1) pp 50-54,(2003).

9. Emiliano Betti, Daniel Pierre Bovet, Marco Cesati e Roberto Gioiosa "Hard RealTime Performances in Multiprocessor-Embedded Systems Using ASMP-Linux". Journal on Embedded Systems, Artigo ID 582648, pp 16, (2008).

10. Krishnakumar Balasubramanian, Arvind S. Krishna, Emre Turkay, Jaiganesh Balasubramanian, Jeff Parsons, Aniruddha Gokhale, Douglas C. Schmidt" Applying model-driven development to distributed real-time and embedded avionics systems" International Journal of Embedded Systems, vol 2, No.3/4, pp 142 - 155,(2006).

11. A. Krall, J. G. Delgado Frias e W. R. Moore "An extended Prolog instruction set for RISC processors", em VLSI for Artificial Intelligence and Neural Networks, Eds.
Nova Iorque, NY: Plenum, , pp.101-108,(1991).

12. Chung-Huang Yang, Yaw-Feng Wang, Yi-Je Chan, W. Torbicz e Dorota G. Pijanowska "A signal processing ASIC for ISFET-based chemical sensors" Microelectronics Journal, vol-35, Issue 8, pp 667-675, agosto(2004).

13. Michael Gschwind" FPGA prototyping of a risc processor core for embedded applications" IEEE transactions on very large scale integration (vlsi) systems, vol. 9, no. 2, abril (2001).

14. Sameh Asaad e Kevin Warren, Speed Optimization of the ALR CircuitUsing an FPGA with Embedded RAM:A Design Experience" R.W. Hartenstein, A. Keevallik Springer-Verlag Berlin Heidelberg (Eds.): FPL'98, LNCS 1482, pp. 278-287, (1998).

15. Aman Gayasen, Suresh Srinivasan, N. Vijaykrishnan, Mahmut Kandemir "Design of power-aware FPGA fabrics" International Journal of Embedded Systems, vol 3, No.1/2 pp. 52 - 64,(2007).

16. R James Duckworth "Embedded System Design with FPGAs using HDLs", Proceedings of the 2005 IEEE International Conference on Microelectronic Systems Education (MSE'05),(2005).

17. LM 35 Folhas de dados

18. MAX 186 Folhas de dados

19. Manual do utilizador do Rabbit sistema de desenvolvimento integrado para o microprocessador rabbit 3000.

20. Folhas de dados da placa de controlo Ethernet Rabbit [RTL 8098].

21. M. Sankar Kishore "Microcontroller-based Ground Weapon Control System" Defence Science Journal, Vol. 51, No. 4, pp. 429-435, outubro (2001).

22. Relés de compreensão da série automóvel, desenvolvidos por Keven R. Sullivan.

3 CAPÍTULO
PROGRAMAÇÃO DE SOFTWARE

3.1 Compiladores de linguagens de alto nível

Durante muitos anos, o software para os primeiros computadores foi escrito essencialmente em linguagem de montagem. As linguagens de programação de nível superior só foram inventadas quando as vantagens de poder reutilizar software em diferentes tipos de CPUs começaram a ser significativamente superiores ao custo de escrever um compilador. A capacidade de memória muito limitada dos primeiros computadores também criou muitos problemas técnicos aquando da implementação de um compilador.

Um compilador é um programa de computador (ou um conjunto de programas) que transforma o código-fonte escrito numa linguagem de computador (a linguagem-fonte) noutra linguagem de computador (a linguagem-alvo, muitas vezes com uma forma binária conhecida como código-objeto). A razão mais comum para querer transformar o código fonte é criar um programa executável.

A rápida proliferação do "C" deu origem a dezenas de compiladores destinados a sistemas incorporados. A sua qualidade varia entre o quase perfeito e o absolutamente inutilizável. Por vezes, o calibre do compilador é inversamente proporcional ao custo do produto. Infelizmente, as melhores caraterísticas são visíveis na publicidade do vendedor; as piores só aparecem depois de o utilizarmos durante algum tempo.

O tamanho e a velocidade do código são normalmente as principais preocupações dos programadores, especialmente para os cínicos programadores de assembly que são arrastados para uma linguagem de alto nível pela primeira vez [1]. Obviamente, esse código C é mais lento e maior do que um código assembly comparável. Mas não muito - na maioria dos casos, a diferença é de apenas 25%.

É difícil superar a linguagem C num grande projeto incorporado. Todos admitem que é menos eficiente do que o assembly, mas o C reduzirá os custos de engenharia não recorrentes (NRE) por um fator de três ou mais. Na maioria dos produtos, as poupanças em termos de conceção, codificação e manutenção justificam rapidamente as despesas adicionais com a memória [2]. Esta tendência foi observada pela primeira vez pelo cofundador da Intel, Gordon E. Moore, num estudo de 1965 [3]. A lei estabelece que, de dois em dois anos, os magos do silício duplicarão o número de transístores num chip[4] . Por conseguinte, a memória é barata e torna-se cada vez mais barata à medida que a densidade aumenta. Infelizmente, os microcontroladores parecem estar na cauda da cadeia de benefícios desta regra.

Não é possível utilizar a norma C num ambiente incorporado sem fazer adaptações. A norma C parte de muitos pressupostos que não se aplicam aos sistemas incorporados. Por exemplo, a norma C pressupõe implicitamente a existência de um sistema operativo e que um programa começa do zero, ao passo que os sistemas embebidos podem ter uma memória com bateria e reter dados durante os ciclos de alimentação. O Rabbit alargou a utilização da linguagem C em várias áreas. Os numerosos ficheiros include encontrados em programas C típicos não são utilizados porque o Dynamic C tem um sistema de bibliotecas que fornece automaticamente protótipos de funções e informações de cabeçalho semelhantes ao compilador antes de o programa do utilizador ser compilado. Os campos de bits não são suportados. A compilação separada de diferentes partes do programa não é suportada ou necessária.

Existem vários compiladores cruzados disponíveis no mercado atual, como o Keil's- IDE, o Silicon Laboratory IDE, o Cygnal IDE e o Ride-IDE, o Dynamic C, etc. As ferramentas desenvolvidas permitem ao utilizador desenvolver e depurar eficazmente o código da aplicação. A linguagem de programação C e as bibliotecas padrão são alteradas ou melhoradas para atender às peculiaridades de um processador alvo incorporado.

3.2 Panorâmica da dinâmica, "C

O Dynamic C é um sistema de desenvolvimento integrado para escrever software incorporado. Foi concebido para ser utilizado com controladores Rabbit e outros controladores baseados no microprocessador Rabbit.

O Dynamic C integra as funções de desenvolvimento, tais como edição, compilação, ligação, carregamento e depuração. O Dynamic C tem um editor de texto completo, incorporado e fácil de utilizar. Os programas Dynamic C podem ser executados e depurados interactivamente ao nível do código-fonte ou do código de máquina. Ele também suporta programação em linguagem assembly. Não é necessário abandonar C ou o sistema de desenvolvimento para escrever código em linguagem assembly. As linguagens C e assembly podem ser misturadas. A depuração no Dynamic C inclui a capacidade de utilizar comandos printf, as expressões Watch podem ser avaliadas enquanto paradas num ponto de interrupção ou enquanto o destino está a executar o seu programa. O Dynamic C9 introduz funcionalidades avançadas de depuração, como a execução e o rastreio de pilha.

O Dynamic C fornece extensões à linguagem C que suportam o desenvolvimento de sistemas incorporados do mundo real e suporta multitarefa cooperativa e preemptiva. O Dynamic C vem com muitas bibliotecas de funções. Estas suportam programação em tempo real, E/S ao nível da máquina e fornecem funções padrão de cadeia de caracteres e matemáticas. A compilação do Dynamic C interage diretamente com a memória. As funções e as bibliotecas são compiladas, ligadas e descarregadas em tempo real. Num PC rápido, o Dynamic C pode carregar 30 000 bytes de código em cinco segundos a uma taxa de transmissão de 115 200 bps.

3.2.1 Compilador C dinâmico

O Dynamic C tem um conjunto de caraterísticas que permitem ao programador utilizar ao máximo a xmem (memória alargada). O compilador suporta um espaço de endereço físico de 1 MB. Os compiladores C inicializam automaticamente todas as variáveis estáticas para zero que não são explicitamente inicializadas antes de entrar na função principal. Os programas C dinâmicos não o fazem porque, num sistema incorporado, pode querer preservar os dados na RAM suportada pela bateria, quando reiniciados, o compilador não verificará a correção da lista de argumentos na chamada.

O compilador remove o espaço em branco circundante (comentários, separadores e espaços) e colapsa cada sequência de espaço em branco na definição da macro num único espaço. O compilador pode efetuar a verificação de tipo nos parâmetros para se certificar de que as chamadas à função recebem argumentos do tipo esperado. O compilador gera código ou atribui dados apenas se o módulo for utilizado pelo programa de aplicação. Opções de verificação, rotuladas como Protótipo, Demotion e Ponteiro. A verificação de protótipos significa que os argumentos passados nas chamadas de função são verificados em relação ao protótipo da função. A verificação da despromoção significa que a conversão automática de um tipo para um tipo mais pequeno ou menos complexo é registada. A verificação de ponteiros refere-se à garantia de que os ponteiros de diferentes tipos que estão a ser misturados são convertidos corretamente. O endereço físico de 20 bits do bloco é atribuído ao nome pelo compilador como uma variável longa sem sinal. Existem algumas diretivas do compilador utilizadas para decidir onde colocar o código e os dados na memória. São as chamadas diretivas de origem

3.3 Desenvolvimento de software para RMACS utilizando Ethernet

O programa de software desenvolvido e implementado com o desenho do hardware é utilizado para monitorizar e controlar a temperatura à distância. O programa mede os sinais de entrada do sensor e também controla os dispositivos externos. Apresenta a informação processada no PC.

A técnica experimental deste módulo de monitorização e controlo à distância pode ser realizada através do desenvolvimento do software necessário para todo o dispositivo eletrónico. Os algoritmos são realizados no microcontrolador Rabbit utilizando a linguagem "Dynamic C" no compilador Dynamic C. O papel principal do software no presente estudo é testar as actividades dos seguintes módulos de hardware.

3.3.1 Algoritmo que descreve o processo de monitorização

1. Inicializar o processador Rabbit

2. Inicializar o ADC e ativar as interrupções

3. Inicializar a porta de série

4. Inicializar a taxa de amostragem do ADC utilizando o temporizador

5. Limpar os portos de saída

6. Ler a entrada do sensor de temperatura (LM35) ligado ao ADC de 12 bits

7. Enviar dados para o PC para registo na base de dados

8. Comparar os dados com o valor do ponto de regulação

9. Se o valor medido estiver dentro do limite, manter a ventoinha desligada

10. Se o valor medido estiver para além do limite, manter a ventoinha ligada

11. Repetir continuamente os passos de 6 a 11

3.3.2 Algoritmo que descreve o processo de pedido de controlo e de estado

1. O Rabbit Processor é interrompido

2. Gerar ficheiro Html para monitorização remota.

3. Gerar ficheiro Html para controlo remoto.

4. Para apresentar o resultado através da Ethernet no servidor Web, utilizando o protocolo HTTP.

5. Atualizar os dados de acordo com o tempo definido, correspondendo também à atualização do ficheiro Html.

6. Ficheiro Html correspondente ao comando de controlo do dispositivo e depois à comutação do dispositivo

A ação ON/OFF é executada

7. Repetir todos os passos anteriores.

3.4 Fluxograma

O fluxograma está desenhado de forma a ser auto-explicativo e a dar uma ideia completa de como o sistema incorporado executa sequencialmente as diferentes etapas envolvidas na medição da temperatura. O fluxograma do sistema de instrumentação baseado em Ethernet para monitorização e controlo remoto da temperatura é apresentado na Fig. 3.1. O programa escrito para o RMACS com base no algoritmo e no fluxograma acima referidos é apresentado no Anexo 1.

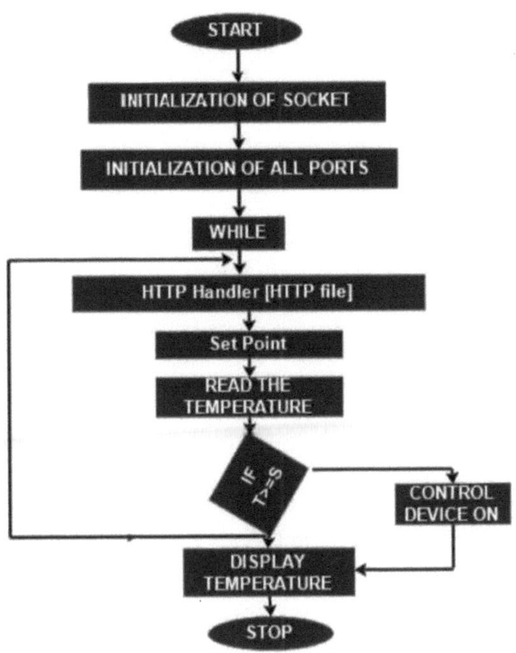

Fig. 3.1: Diagrama de fluxo do sistema de instrumentação baseado em Ethernet para
monitorização e controlo remoto
da temperatura.

3.5 Funcionamento do RMACS baseado em Ethernet para temperatura

O diagrama de circuito do RMACS baseado em Ethernet para a temperatura é apresentado na Figura 2.12. A temperatura é tomada como parâmetro e o sensor de temperatura LM35 detecta a temperatura e fornece uma saída de tensão correspondente à temperatura. Este sinal é amplificado no circuito amplificador e levado para o processador Rabbit através do ADC de 12 bits, MAX 186. Os dados com o seu ponto de ajuste para quaisquer alterações de estado ou valor que ultrapasse o limite (o valor é mais do que o limite definido) ligam a ventoinha. Se os valores estiverem dentro dos limites, desligar a ventoinha. Os valores medidos são apresentados no computador pessoal para análise posterior, para descarregar relatórios e gráficos.

O sistema de instrumentação utilizado para a medição dos parâmetros do processo necessita de uma calibração sistemática. O processo de calibração envolve o estudo da influência de vários parâmetros nos sistemas de medição finais. O mau funcionamento e a má calibração do sistema conduzem a um diagnóstico incorreto que leva a resultados catastróficos. Por conseguinte, a calibração relativa aos parâmetros do processo necessita de vastos estudos e precauções.

A calibração de uma determinada temperatura é importante para garantir uma medição fiável. O dispositivo de medição de temperatura é frequentemente um fator determinante no desenvolvimento de processos e no controlo de qualidade do produto final. É por isso que é essencial aplicar controlos metrológicos com base numa abordagem metódica e cuidadosamente planeada, especialmente tendo em conta que existem muitos factores significativos que influenciam as incertezas de calibração. Em geral, são utilizados dois métodos de calibração [9]. Um método consiste em expor o sensor a um ambiente de ponto fixo estabelecido, como o ponto triplo da água pura e os pontos de congelação e ebulição da água. Outro método consiste em comparar as leituras com as de sensores de temperatura calibrados e rastreáveis quando estes são colocados no mesmo ambiente térmico.

No presente trabalho, é utilizado o segundo método. Para o efeito, o instrumento foi sujeito à medição da temperatura por um termómetro de haste múltipla ST-9269 com sonda de deteção externa. Uma vez estabilizada a temperatura no forno, registámos a temperatura utilizando ambos os sistemas, ou seja, o T-9269 e o RMACS. As leituras estão tabuladas na tabela 3.1 abaixo.

Tabela 3.1 Valores de temperatura medidos e calibrados do sistema

Sl.No	Temperature value set	Temperature as per calibrated device	Temperature recorded by RMACS
1	50	50	49
2	75	75	75
3	80	79	79
4	90	90	88
5	95	94	93
6	99	100	98

A partir das leituras, verifica-se que as leituras obtidas com o RMACS estão em boa concordância com as leituras obtidas com o ST-9269. A medição total foi corrigida com uma precisão de 98%. Não foi permitido um erro superior a 2%. As medições reais são efectuadas com o instrumento concebido e com o medidor normalizado. No processo de calibração empírica, as medições apresentaram um ligeiro desvio, mas todas estas medições estão dentro do intervalo de tolerância. Para além da exatidão, da precisão e da resistência à corrosão, um aspeto importante a ter em conta é o tempo de resposta dos sensores. O tempo de resposta é uma medida da rapidez com que um sensor segue mudanças rápidas de temperatura. Quanto mais pequeno for o tempo de resposta, mais de perto o sensor segue a mudança de temperatura do meio medido. O tempo de resposta do instrumento foi igual ao do medidor padrão.

3.6 Funcionamento do RMACS baseado em Ethernet para humidade

O diagrama de circuito do RMACS baseado em Ethernet para a temperatura é apresentado na Figura 2.12. A humidade é tomada como parâmetro e o sensor de humidade HIH 4030 detecta a humidade e emite uma saída de tensão correspondente ao valor. Este sinal é amplificado no circuito amplificador e levado para o processador Rabbit através do ADC de 12 bits, MAX 186.

3.7 Funcionamento do RMACS baseado em Ethernet para pressão

O diagrama de circuito do RMACS baseado em Ethernet para a temperatura é apresentado na Figura 2.12. O valor da pressão é tomado como parâmetro e o sensor de pressão SPD005G detecta a pressão e emite uma saída de tensão correspondente ao valor. Este sinal é introduzido no processador Rabbit através do ADC de 12 bits, MAX 186.

3.8 Aplicações

- Utilizado na telemetria remota
- Utilizado nas indústrias de controlo de processos
- Utilizado em aplicações domésticas e industriais (caldeiras e aquecedores)
- Utilizado em testes online de máquinas

Referências

1. Electronic Engineering Times, novembro (1990).

2. Murdocca, Miles J.Vincent P. Heuring (2000). Principles of Computer Architecture. Prentice-Hall. ISBN 0-201-43664-7.

3. Moore, Gordon E. (1965). "Colocar mais componentes em circuitos integrados" (PDF). Revista Eletrónica. 4.

4. The Technical Impact of Moore's Law Boletim informativo da sociedade de circuitos de estado sólido do IEEE; setembro de 2006.

5. www.Rabbit.com.

6. A linguagem de programação C, de Kernighan e Ritchie (publicado por Prentice- Hall)

7. C: A Reference Manual, de Harbison and Steel (publicado pela Prentice-Hall).

8. ASTM. Guia normalizado para utilização no estabelecimento de processos térmicos Food Packaged in Flexible Containers; American Society for Testing Materials: Philadelphia, PA, 1988.

Anexo -I

/** Programa de monitorização e controlo remoto da temperatura ****/**

Samples\TcpIp\HTTP\refresh.c Z-World, 2000 Isto dá um exemplo de ssi e auto refresh. Ele usa um pouco de JavaScript

```
*********************************************************************
******* ****/
#class auto
#define   CLKHIGH        BitWrPortI(PBDR,&PBDRShadow,1,0)
                         //PB0
#define   CLKLOW         BitWrPortI(PBDR,&PBDRShadow,0,0)
                         //PB0
#define   DHIGH          BitWrPortI(PDDR,&PDDRShadow,1,4)
                         //PD4
#define   DLOW           BitWrPortI(PDDR,&PDDRShadow,0,4)
                         //PD4

#define   CSHIGH      BitWrPortI(PGDR,&PGDRShadow,1,7)  //PG7
#define   CSLOW       BitWrPortI(PGDR,&PGDRShadow,0,7)  //PG7

#defineDOUT            7                    //PE7

#defineSSTR            5                    //PD5

/**********************************
 * Configuration          *
 * -------------          *
 * All fields in this section must *
 * be altered to match your local  *
 * network settings.        *
 **********************************/

/*
* Pick   the   predefined   TCP/IP   configuration   for   this   sample.    See   *
  LIB\TCPIP\TCP_CONFIG.LIB for instructions on how to set the  * configuration.
*/
```

110

```c
#define TCP_BUF_SIZE 2048
#define HTTP_MAXSERVERS 1
#define MAX_TCP_SOCKET_BUFFERS 1
#define USE_RABBITWEB 1

#define TCPCONFIG 1
#define ADC
#memmap xmem
#use "dcrtcp.lib"
#use "http.lib"
#ximport "E:/Temp/temp.shtml" index_shtml
#ximport "E:/Temp/rabbit1.gif" rabbit1_gif
#ximport "E:/Temp/settemp.zhtml" index_zhtml
/*
 * In this case the .html is not the first type in the  * type table. This causes the
default (no extension)  * to assume the shtml_handler.
 *
 */

/* the default for / must be first */
SSPEC_MIMETABLE_START
  SSPEC_MIME_FUNC(".shtml", "text/html", shtml_handler),
  SSPEC_MIME_FUNC(".zhtml", "text/html", zhtml_handler),
    SSPEC_MIME(".html", "text/html"),
    SSPEC_MIME(".gif", "image/gif"),
    SSPEC_MIME(".cgi", "")
SSPEC_MIMETABLE_END

volatile float temperature; volatile float SetTemperature; char  status[20];
#web SetTemperature (($SetTemperature >= 0) && \
     ($SetTemperature <= 100))
//status = "OFF";
SSPEC_RESOURCETABLE_START
  SSPEC_RESOURCE_XMEMFILE("/", index_shtml),
  SSPEC_RESOURCE_XMEMFILE("/", index_zhtml),
  SSPEC_RESOURCE_XMEMFILE("/index.shtml", index_shtml),
  SSPEC_RESOURCE_XMEMFILE("/settemp.zhtml", index_zhtml),
  SSPEC_RESOURCE_XMEMFILE("/rabbit1.gif", rabbit1_gif),
```

```c
    SSPEC_RESOURCE_ROOTVAR("temperature",     &temperature,    FLOAT32,
"%5.2f"),
    SSPEC_RESOURCE_ROOTVAR("SetTemperature",                  &SetTemperature,
FLOAT32, "%5.2f"),
    SSPEC_RESOURCE_ROOTVAR("status", status, PTR16, "%s")
SSPEC_RESOURCETABLE_END

void updatefcn(void);

#web_update SetTemperature updatefcn

void updatefcn(void)
{
   // sprintf(buf,"Temperature = %5.2f \r",temperature);
    //temperature = setTemperature;

  if(temperature < SetTemperature)     strcpy(status,"OFF");   else
    strcpy(status,"ON");
}

#define ADC_MAX_CHAN 1

#define STATE_INIT 0
#define STATE_STEADY        1

char data[40]; float AnaInv(char command); nodebug void delayms(int k)
{
   unsigned long int j;

  j = MS_TIMER;    while(MS_TIMER < j + k)
     hitwd();
}
void main()
{

    unsigned long int time;    unsigned long int ii;    char buf[50],i;    //char
*status="OFF";        temperature = 0;
   SetTemperature = 35;         sock_init();         http_init();
   tcp_reserveport(80);         ip_print_ifs();

   WrPortI(PGCR,&PGCRShadow,0X00);
```

```c
WrPortI(PGDCR,&PGDCRShadow,PGDCR & 0x3F);
WrPortI(PGFR,&PGFRShadow,0X00);
WrPortI(PGDDR,&PGDDRShadow,PGDDRShadow|0xC0);


WrPortI(PDDDR,&PDDDRShadow,(PDDDRShadow & 0xDF) | 0x10 );
WrPortI(PEDDR,&PEDDRShadow, 0x5F);

WrPortI(PEDR,&PEDRShadow,PEDRShadow &0x7f);
WrPortI(PECR,&PECRShadow,0x00);
WrPortI(PEFR,&PEFRShadow,0x00);

WrPortI(PBDDR,&PBDDRShadow, (PBDDRShadow|0x3F));
WrPortI(SPCR,&SPCRShadow,0x80);//PORT-A CONF AS Input

WrPortI(PFCR,&PFCRShadow,0x00);
WrPortI(PFDDR,&PFDDRShadow,PFDDRShadow|0xC3);      time =
MS_TIMER;      //strcpy(status,"ON") ;      updatefcn();

     while(1)
      {
   //printf("Testing....\n");
     http_handler();
   //printf("OK\n");
      if(MS_TIMER > (time + 500))
        {                time = MS_TIMER;
          temperature = 0;
                     for(i = 0; i < 10 ; i++)
        temperature += (AnaInv(0x8F) * 100.00);
                  temperature =temperature/10;

         if(temperature > SetTemperature){


BitWrPortI(PFDR,&PFDRShadow,1,0);
          BitWrPortI(PFDR,&PFDRShadow,0,1);
           updatefcn();
           //strcpy(status,"ON");
                                   }
        else
```

```c
If (temperature < SetTemperature)
{
                    BitWrPortI(PFDR,&PFDRShadow,0,0);
                    BitWrPortI(PFDR,&PFDRShadow,1,1);
                updatefcn();
                                            }

                printf("Temperature = %5.2f \r",temperature);
                 }
          }
          }
   float AnaInv(char command)
   {

      char temp,i,temp1;      int Get_Count;      float Voltage;      Voltage=0;
      temp = 0x80;

      CSLOW;

      for( i = 0; i < 8; i++ )
      {
        if( temp & command )
              DHIGH;
        else
              DLOW;
         CLKLOW;
        for(temp1 = 0; temp1 <10 ;temp1++);
        CLKHIGH;
         temp = temp >> 1 ;
                 }
         DLOW;
      CLKLOW;      CLKHIGH;
      while(!BitRdPortI(PDDR,5));

      CLKLOW;
      CSLOW;
      Get_Count = 0x00 ;      for( i = 0; i < 11; i++ )
      {
        CLKHIGH;          for(temp1 = 0; temp1 < 10; temp1++);
        Get_Count |= BitRdPortI(PEDR,7);
```

```c
                Get_Count  = Get_Count <<    1;
    CLKLOW;
 }
    CLKHIGH;        for(temp1 = 0; temp1 < 10; temp1++);
    Get_Count  |=  BitRdPortI(PEDR,7);
    CLKLOW;
  CSHIGH;
  Voltage=(Get_Count*0.82)*(5.00/4095);

  Return (Voltage);
}
```

4 CAPÍTULO
RESULTADOS E DISCUSSÃO

4.1 Resultados e discussões

O objetivo do presente trabalho é desenvolver um RMACS sem fios integrado para monitorizar, controlar e aceder ao desempenho de parâmetros situados remotamente, como a temperatura, a humidade e a pressão, em tempo real. Assim, tenta-se desenvolver um RMACS baseado na Ethernet para a temperatura, a humidade e a pressão como parte de um RMACS sem fios integrado, utilizando o processador avançado Rabbit 3000, que é pequeno, robusto, de baixo custo e de baixo consumo de energia, ideal para sistemas de controlo industrial. No presente estudo, o sistema é testado com a programação de diferentes valores de ponto de regulação da temperatura como parâmetro de processo. Os resultados estão tabelados na Tabela 4.1.

Tabela 4.1 Resultados do sistema

Temperature/°C	Fan Status	Html status
60	OFF	NO
65	OFF	NO
72	OFF	NO
85	ON	YES
90	ON	YES
100	ON	YES

Os resultados acima referidos indicam que o dispositivo de monitorização e controlo está sempre com o(s) utilizador(es) e que também é possível ler os dados a partir de qualquer local remoto. Se o valor de entrada for próximo ou superior ao limite defínido, o processador liga automaticamente a ventoinha. O(s) utilizador(es) também pode(m) monitorizar o estado da temperatura remotamente no computador pessoal. Para análise posterior, os valores medidos são armazenados no computador pessoal. A representação gráfica dos parâmetros do processo, dos dados de registo, dos valores dos dados actuais e dos valores-limite máximos dos sensores. O sistema foi testado medindo temperaturas até +100°C e os resultados estão em boa concordância com os valores experimentais. O RMACS concebido foi testado com um utilizador remoto para diferentes pontos de regulação, juntamente com os valores medidos da temperatura em tempo real, como mostra a figura 4.1.

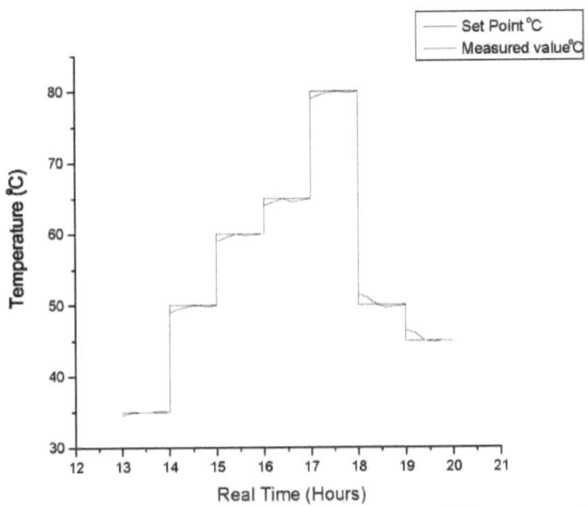

Figura 4.1: Representação gráfica da temperatura com diferentes valores de set point

O sensor de humidade detecta a humidade relativa. O RMACS concebido foi testado com o utilizador remoto para diferentes pontos de regulação, juntamente com os valores medidos da humidade relativa em tempo real, como se mostra na figura 4.2.

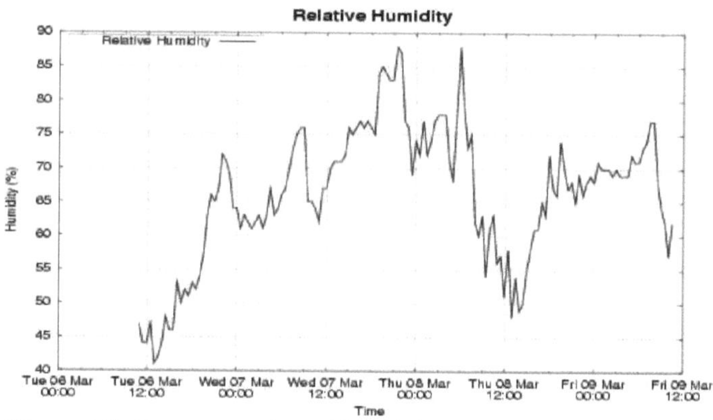

Figura 4.2: Representação gráfica da humidade relativa medida.

O RMACS concebido, testado com um utilizador remoto para diferentes pontos de regulação, juntamente com os valores de pressão medidos em tempo real, é apresentado na figura 4.3.

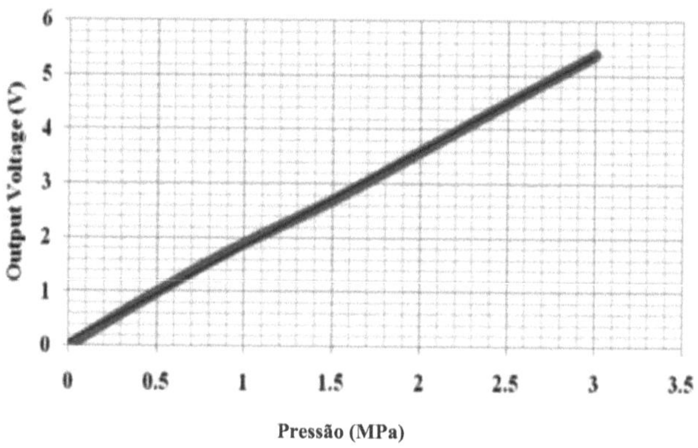

Figura 4.3: Representação gráfica da PRESSÃO medida

Tal como referido no desenvolvimento do RMACS, os parâmetros do processo, como a temperatura, a humidade e a pressão, são monitorizados e controlados remotamente através da Ethernet. O principal objetivo do presente trabalho de investigação é desenvolver um protótipo integrado de sistema de monitorização e controlo remoto para substituir o controlo manual. A qualidade e a melhoria do

RMACS dependem principalmente da manutenção dos dados de segurança com a ajuda do hardware e da implementação do software, que fornecem melhores informações sobre os parâmetros do processo.

O autor desenvolveu um sistema integrado de monitorização e controlo remoto RMACS autóctone. Este trabalho tem um carácter único e foi realizado através da tecnologia de instrumentação. Nos capítulos anteriores, são apresentados todos os pormenores sobre a conceção e o desenvolvimento da instrumentação e da interface com a Ethernet para o sistema de monitorização e controlo remoto. Tendo em conta as caraterísticas de monitorização e controlo remotos dos parâmetros do processo e o custo da comunicação, este módulo é adequado para a transmissão de dados em sistemas de medição no terreno em grande escala.

No trabalho proposto, foi apresentado um RMACS de baixo custo e alta eficiência. O dispositivo proposto é constituído por um processador Rabbit RCM 3700 e um sensor de temperatura. A informação de monitorização é enviada para um local remoto através do módulo Ethernet presente no processador Rabbit. No que respeita à baixa potência, a potência global do dispositivo pode ser ainda mais reduzida utilizando um microcontrolador de baixa potência, para além de um módulo Ethernet de baixa potência.

A segunda parte deste trabalho é desenvolvida para desenvolver o RMACS com um ecrã gráfico juntamente com a visualização de texto habitual no computador pessoal. Os dados são visualizados num ficheiro HTML que é enviado por HTTP (protocolo de transferência de hipertexto). Os detalhes do software deste sistema são discutidos nas secções anteriores.

A monitorização e o controlo remotos de dispositivos e a recuperação de informações relativas ao estado atual das entradas utilizando a Ethernet foram demonstrados com êxito através da transferência de ficheiros html entre o processador e o computador pessoal. O RMACS é testado com diferentes pontos de regulação. Se o valor medido estiver próximo ou for superior ao limite definido, o processador enviará automaticamente o sinal de alta para a unidade de controlo ON

[1].

A autoridade responsável pela instalação pode controlar o ponto de regulação, alterando o valor de entrada ou o valor do ponto de regulação através de SET TEMP XXXX no ficheiro html, este valor é enviado por HTTP, que é automaticamente definido no processador Rabbit. O autor que conhece o endereço IP do processador Rabbit. A autoridade competente também pode monitorizar o valor da medição no computador pessoal. Os resultados analíticos obtidos com o RMACS são

1. O sistema permitiu o fornecimento de segurança, de tal forma que um endereço IP único e Firewalls de segurança são desenvolvidos no software.

2. O utilizador tem a liberdade de se deslocar e continua a ter controlo sobre o dispositivo e pode também obter informações sobre o estado do dispositivo navegando na Internet através do endereço IP do sistema.

3. A capacidade de controlo automático do sistema permite ligar/desligar através da simulação dos dispositivos controlados.

Finalmente, o principal objetivo do autor é desenvolver e implementar um sistema integrado de monitorização e controlo remoto mais sofisticado, utilizando a Ethernet para contribuir para a automação industrial.

4.2 Conclusão

Os sistemas de controlo modernos para aplicações industriais requerem a leitura automática de dados, a monitorização em linha e o processamento do controlo, pelo que o acesso remoto é uma caraterística importante. Uma solução possível para o acesso e controlo remotos é a tecnologia Ethernet, disponível em quase todo o lado. Tendo em conta a caraterística de monitorização e controlo remotos dos parâmetros do processo industrial e o custo da comunicação, a Ethernet é adequada para a transmissão de dados em sistemas de medição de campo em grande escala.

O sistema desenvolvido cumpre o objetivo de um bom desempenho, baixo custo, segurança e solução de controlo remoto para a automatização de indústrias de processo. A abordagem discutida no sistema proposto é nova e atingiu o objetivo de monitorizar e controlar remotamente os parâmetros do processo utilizando o sistema baseado na Ethernet, satisfazendo as necessidades e os requisitos do utilizador.

A RMACS forneceu um sistema de monitorização e controlo personalizado de baixo custo especificamente para indústrias de processo. Assim, este sistema pode ser personalizado para se adequar a qualquer requisito industrial relacionado com a monitorização e o controlo. Do mesmo modo, o RMACS pode ser alargado a uma variedade de outras áreas de aplicação possíveis, desde que haja necessidade de monitorizar um parâmetro mensurável e, possivelmente, a necessidade de alargar alguma forma de controlo que seja possível através de actuadores electrónicos [2]. Os cuidados de saúde são um sector que pode beneficiar da utilização do sistema RMACS na monitorização de doentes. O sistema é económico em comparação com os sistemas anteriormente existentes. Por conseguinte, podemos concluir que as metas e os objectivos pretendidos do RMACS foram alcançados.

4.3 Melhoria futura

O RMACS pode ainda ser melhorado através de

1. Trata-se de um pequeno registador de dados compatível com uma vasta gama de sensores e que alimenta qualquer sensor que necessite de uma alimentação até 24 VDC.

2. O hardware do sistema será autónomo e não poderá estar sujeito a falhas eléctricas.

3. O sistema tem de ser programado remotamente utilizando qualquer emulador de terminal do Windows.

4. Este sistema pode também ser utilizado na indústria das comunicações, na indústria automóvel, no sistema de domótica, nos sistemas de saúde, na defesa, etc.

5. Desenvolver um sistema RMACS como Monitorização e Controlo Remoto Universal para aplicações industriais, incorporando diferentes meios de comunicação, como Zigbee, GSM, GPS, RS232, etc., de acordo com os requisitos do utilizador para interagir, comunicar e controlar muitos dispositivos.

Referências

[1]   S.Bhargavi e Dr.B.Ramamurthy, Conceção e implementação de um sistema de monitorização e controlo remoto baseado em GSM para parâmetros de processos industriais, IJCSIS, vol 8, No.5, agosto de 2010.

[2]   Aranguren.G, Nozal.L, Blazquez.A e Arias.J, Remote Control of Sensors and Actuators by GSM, IEEE 2002 28th Annual Conference of the Industrial Electronics Society, IECON 02, Vol3, Nov 2002.

yes
I want morebooks!

Buy your books fast and straightforward online - at one of world's fastest growing online book stores! Environmentally sound due to Print-on-Demand technologies.

Buy your books online at
www.morebooks.shop

Compre os seus livros mais rápido e diretamente na internet, em uma das livrarias on-line com o maior crescimento no mundo! Produção que protege o meio ambiente através das tecnologias de impressão sob demanda.

Compre os seus livros on-line em
www.morebooks.shop

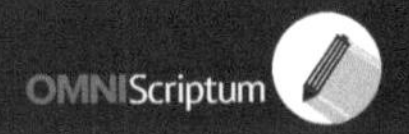